CONVERSACIONES ESPAÑOLAS

CONVERSACIONES ESPAÑOLAS

H. LESTER, B.A.

formerly Senior Modern Languages Master, Pinner County Grammar School,
Middlesex

and

I. F. ARIZA

Licenciado en Filosofía y Letras

Principal Lecturer in Spanish, Manchester Polytechnic

With Illustrations by
ADÁN FERRER

HODDER AND STOUGHTON

LONDON   SYDNEY   AUCKLAND   TORONTO

ISBN 0 340 18070 6

Fifth impression 1976
Printed in Great Britain for
Hodder and Stoughton Educational,
a division of Hodder and Stoughton Ltd, London,
by J. W. Arrowsmith Ltd, Bristol.

Foreword

STUDENTS of modern foreign languages find it fairly easy to become competent in the answering of questions based upon a text, but experience considerable frustration when attempting *free* conversation. With this material for use in fifth and sixth forms and in evening institutes, we aim at facilitating the transition. The fluency gained will be the more valuable for its being based upon the kind of situation encountered in daily life.

In writing the conversations we have tried to reproduce everyday Spanish speech. In the teaching of languages, there is always the danger of leaving too large a gap between textbook readings and the living language spoken by natives, with the result that the student commonly needs a period of adjustment when he finds himself among the people whose language he has studied. We are attempting to bridge this gap. Clichés and idioms have been neither deliberately sought nor avoided; we merely write what Spaniards say in given circumstances, so that the student may know in advance the mode of expression he will hear during a visit to Spain.

The principal characters in the conversations are a Spaniard, and an Englishman who is making his first visit to Spain. Clearly, many of the explanations would be pointless if addressed to a Spaniard, but become alive for a foreigner who is facing a series of situations new to him. Besides these two central characters, we introduce some other Spanish types speaking naturally against the background of normal life in Spain.

The notes which follow each conversation have been made as brief as possible, consistent with our wish to give the maximum help to the student. Where necessary, we explain difficult points of grammar, and add further information concerning the language and life in Spain as opportunity presents. The exercises aim at giving wide oral practice; they test comprehension of the text and mastery of idiom, while some of the questions and the suggestions for Free Composition give scope for original oral or written work.

H. L.
I. F. A. A.

Contents

1. *Jack llega a Madrid*

Jack es un estudiante inglés que viene a Madrid para hacer un curso de extranjeros en la Universidad. Su amigo español, Miguel, va a recibirle[1] a la estación del Norte, pues es la primera vez que Jack viene a España. Miguel llega a la estación quince minutos antes de la hora señalada para la entrada del tren. Como no sabe en qué andén debe esperar, se dirige a un empleado de los ferrocarriles.

MIGUEL. Perdone. ¿Sabe usted por qué vía entrará el expreso de Irún?

EMPLEADO. Por la número 3. Pero trae doce minutos de retraso;[2] puede usted verlo en el tablón de anuncios.

MIGUEL. Muchas gracias.

Como tiene tiempo suficiente, Miguel va a la cafetería[3] de la estación para tomar una taza de café y hacer tiempo[4] hasta que el tren llegue. Al poco rato,[5] se dirige al andén correspondiente, y poco después el tren hace su entrada. Jack está asomado a una de las ventanillas[6] del vagón,[7] y Miguel le ve en seguida.

MIGUEL. ¡Hola, Jack! ¿Qué tal estás?[8]

JACK. Muy bien. ¿Y tú?

MIGUEL. Estupendamente. ¿Cómo has dejado a tu familia?

JACK. Todos se han quedado la mar de bien,[9] y deseándome que pase en España una temporada muy buena ... Te voy a dar las maletas por la ventanilla, que es más fácil. ¿Quieres llamar a un mozo mientras las alcanzo?

MIGUEL. ¡Cómo no! ¡Mozo! Haga usted[10] el favor de coger estas maletas y ese maletín y llevarlo todo a un taxi.

JACK. ¿Pero vamos a tomar un taxi?

MIGUEL. ¡Sí, hombre, sí! No te preocupes, que aquí no son tan caros como en Inglaterra. Además, en el *metro* es difícil llevar el equipaje, pues suele ir atestado.

A la salida de la estación, entregan sus billetes y se acomodan en un taxi, donde el mozo de estación ya ha colocado el equipaje.

MIGUEL. Así es mucho mejor; en el *metro* iríamos como sardinas en lata, lo cual estoy seguro que no te gustaría mucho, después de un viaje tan largo. Y a propósito de[11] viaje, ¿qué tal ha ido el tuyo?

JACK. Bastante bien, aunque ha sido un poco pesado, pues ya sabes que se viene desde París casi sin parar; solamente nos detuvimos un rato para pasar las aduanas en Hendaya.

MIGUEL. ¿Y anteriormente, en el barco? ¿Te mareaste?

JACK. Chico, no puedo negarlo: me mareé, y bien mareado. Es natural, yo no tengo costumbre de navegar. Pero en cuanto pisé tierra firme me restablecí.

MIGUEL. Bueno, supongo que ahora estarás deseando lanzarte a conocer Madrid, a donde tanto habías deseado venir . . .

JACK. ¡Ah, desde luego! Pero ante todo quiero tomar un baño y descansar un poco. Después, a empezar mi visita a esta ciudad, que creo que me va a resultar muy interesante.

MIGUEL. Ya puedes comenzar a ver algo. Mira, ésta es la Plaza de España, con sus dos famosos rascacielos: el edificio España, ahí enfrente, y la Torre de Madrid, a la izquierda. En el centro de esos jardines están las estatuas de don Quijote y Sancho Panza.

JACK. ¿Qué calle es ésta?

MIGUEL. La Gran Vía,[12] la calle más lujosa de Madrid, donde están los principales comercios y tiendas mejores. Ahora desembocamos en[13] la calle de Alcalá, de la que seguramente también habrás oído hablar . . . Fíjate, ésta, a nuestra izquierda, es la fuente de la Cibeles,[14] quizás la estampa más típica de Madrid; ahora estamos cruzando el paseo de la Castellana, y pronto pasaremos por la Puerta de Alcalá. Antiguamente era una verdadera puerta, pues Madrid terminaba aquí.

JACK. ¿Cómo se llama el barrio donde tú vives?

MIGUEL. El barrio de Salamanca, uno de los más simpáticos de Madrid. Ya estamos llegando.

En la estación del Norte

Al llegar a la casa, el taxi se para delante del portal. El portero, que les ve llegar, sale en seguida de la portería, que está en la planta baja, a ayudarles con el equipaje; el taxista también echa una mano.[15]

MIGUEL. Buenos días, Basilio. ¿Quiere usted hacer el favor de colocar estas maletas en el ascensor?

BASILIO. Con mucho gusto.

JACK. Yo no sabía que vivías en un piso, Miguel. Ahora me explico el galimatías de números y letras que hay que escribir en las cartas: *calle Tal, 45 – 5º C.* Supongo que 45 es el número de la casa, y 5º querrá decir[16] quinto piso, ¿no?

MIGUEL. Eso es. Y *C* es la letra que hay sobre la puerta particular de mi piso. Otras veces, cuando sólo hay dos o tres pisos en cada piso,[17] se distinguen diciendo: izquierda, centro y derecha. O, abreviadamente, *izq., cen., dcha.*

JACK. ¿Es muy grande esta casa?

MIGUEL. Sí, bastante. Forma parte de un bloque de pisos que compone una manzana, con casas que dan a cuatro calles distintas. La mayoría de los madrileños viven en casas de pisos, aunque en los extremos del casco urbano también abundan los barrios residenciales, formados por chalets u hotelitos. Ya[18] tendremos ocasión de visitarlo todo y podrás darte cuenta por ti mismo de cómo son. Bueno, y ya estamos en casa. Siguiendo la tradicional fórmula de cortesía, lo primero que debo decirte es que acabas de tomar posesión de tu casa;[19] pero te lo digo sinceramente.

JACK. Muchas gracias, Miguel.

NOTAS

[1] *recibir,* 'to meet'. We could also say *esperar.* It is important to distinguish the use of *encontrar,* 'to meet by chance'. Other examples: 'I want you to meet my wife', *Quiero que salude usted a mi esposa* (or *mujer*); 'Have you met him?' *¿Le conoce usted?*; 'I met him yesterday', *Le conocí ayer.* 'To see someone off', *ir a despedir a alguien. Encontrarse con,* 'to come across'.

[2] *trae doce minutos de retraso*, 'it is (running) twelve minutes late'. Of a person, one says before his arrival *Debía haber llegado hace doce minutos*, and when he actually arrives *Llegas doce minutos tarde*.

[3] *la cafetería*, 'the buffet'. This is found at only a few large stations and is very modern, under American influence. In small stations, the word *cantina* is used. *La fonda* is a modest hotel sometimes associated with railway stations; the more ambitious kind is, of course, called *un hotel*. A restaurant, at a railway station as elsewhere, is *un restaurante* (or *restorán*).

[4] *hacer tiempo*, 'to while away the time'. 'To waste time' is *perder el tiempo*. 'To make time', *ganar tiempo*.

[5] *Al poco rato*, 'a little while later'. The preposition *a* is similarly used in expressions like *A las dos horas*, 'two hours later'; *A los diez meses*, 'ten months later'.

[6] *una de las ventanillas*. The diminutive is used for the window of a car, bus or train. *Ventanilla* is also synonymous with *taquilla*, 'ticket window'. *El despacho de billetes* is 'the booking office'.

[7] *el vagón*, 'the carriage'. *El departamento*, 'the compartment' (of a train).

[8] *¿Qué tal estás?* 'How are you?' *¿Qué tal?* is also used with the same meaning. Note also: *¿Qué tal ha ido el tuyo?* 'How did yours go? What was yours like?'; *¿Qué tal es Juan?* 'What is John like?'

[9] *la mar de bien*, 'excellent, first-class'. This is a widely used colloquial expression: *Es un chico la mar de simpático*.

[10] *usted*. Note that Miguel uses the formal address in speaking to the porter, but *tú* to a friend of the same age. *Usted* must always be used in addressing an adult of whatever social position.

[11] *a propósito de*, 'about, concerning'. Note also: *A propósito, le vi ayer en el mercado*, 'By the way, . . . ,' and *Lo hice a propósito*, 'I did it on purpose'. *El propósito*, 'the purpose or intention': *Tengo el propósito de*, 'My aim is to . . .'

[12] *La Gran Vía* persists as the popular name for a thoroughfare now officially named *la Avenida de José Antonio*.

[13] *desembocamos en . . .*, 'we enter' (a street or road). *Una bocacalle* is a street intersection or 'turning'. *La encrucijada*, 'cross-roads'.

[14] *Cibeles*, the goddess Cybele. An impressive statue takes the form of the goddess seated in a chariot drawn by two lions, the whole being surrounded by a circular fountain.

[15] *echa una mano*, 'lends a hand'. The verb *echar* is widely used in such

expressions as *echar una ojeada*, 'to cast a glance'; *echar a perder*, 'to spoil'; *echar de ver*, 'to chance to see'; *echar a correr*, 'to set off running'; *echar(se) la siesta*, 'to take a siesta'; *echar de menos*, 'to miss' (a person, etc.).

[16] *querrá decir*, 'will mean, must mean'. Note the use of Future Tense to express probability.

[17] *dos o tres pisos en cada piso*, 'two or three flats on each floor'. *La planta* is sometimes used for 'storey' in order to avoid ambiguity.

[18] *Ya*. This word is widely used in conversation, just to give emphasis to what is being said. It is not to be translated into English in most cases: *Ya lo sé*, 'I know (it)'; *Ya te decía yo*, 'I told you'. When it is by itself, in exclamation, *¡ya!* means 'I see!': *¿Es éste tu cuarto? No, es el de mi hermano. ¡Ya!* 'Is this your room? No, it is my brother's. I see.' Otherwise, it may mean 'already, now'.

[19] *tu casa*. The expression *Está usted en su casa* is often used as a formula of welcome to a home.

EJERCICIOS

1. *Cuestionario:*

¿Quién es Jack y para qué va a Madrid?
¿Cuántas veces ha estado en España?
¿Por qué tiene que ir Miguel a la estación del Norte?
¿Qué informes necesita y cómo los obtiene?
¿Qué contesta el mozo de estación?
¿Es puntual el tren?
¿Cómo mataría (pasaría) usted el tiempo si tuviese que esperar un tren?
¿Dónde estarán las maletas?
¿Por qué se las da Jack a Miguel por la ventanilla?
¿Qué motivos le mueven a usted a tomar un taxi?
¿Le gustan a usted los viajes largos en tren? ¿Y en barco?
¿Cuál es el viaje más largo que usted ha hecho?
¿Preferiría usted ir a España en tren o en avión?
¿Cómo reconoce Miguel a su amigo?
¿Por qué ha querido Jack visitar Madrid?
¿Qué es lo primero que quiere hacer después del viaje?
¿Por qué es famosa la Gran Vía?

¿Cuáles serán las obligaciones del portero?
¿Qué detalles se ponen en un sobre?

2. *Explíquense en español las siguientes palabras y expresiones:*

llegar con retraso; el tablón de anuncios; el tren hace su entrada; una temporada; el *metro*; el equipaje; ir como sardinas en lata; un viaje pesado; bien mareado; un rascacielos; una calle lujosa; un paseo; un barrio simpático; un barrio residencial; el ascensor; tener ocasión; una manzana de casas.

3. *Fórmense frases originales empleando:*

traer una hora de retraso; llegar tarde; hacer tiempo; al poco rato; en seguida; la mar de bien; ¿qué tal?; alcanzar; haga usted el favor; preocuparse; atestado; a propósito; tener costumbre de; tomar un baño; echar una mano; quiere decir; el piso; dar a; darse cuenta.

4. *Redacción:*

(*a*) Describa usted su llegada a una estación de ferrocarril
    (i) para recibir a un amigo
    (ii) como viajero.
(*b*) ¿Cómo iría usted desde la estación a su casa? ¿Qué pasaría al llegar a casa?
(*c*) ¿Qué le gustaría a usted hacer el primer día de su visita a Madrid?

El escudo   *de Madrid*

2. *En casa de Miguel*

Jack y Miguel se encuentran en las habitaciones de este último, empezando a merendar;[1] suena el timbre, y al abrir Miguel ve que son sus dos amigos y compañeros de estudios Julián y Susana, que vienen a hacerle una visita.

MIGUEL. ¡Caramba, mis queridos amigos! Pasad, pasad. Llegáis a punto para uniros a merendar con nosotros.

SUSANA. ¿Tienes visita? Porque si interrumpimos . . .

MIGUEL. ¡Nada, ni hablar![2] Es un amigo al que quiero que conozcáis. Además, me alegro muchísimo de veros.

JULIÁN. También nosotros nos alegramos de verte a ti; pues desde hace algún tiempo apenas se te ve el pelo . . . [3]

MIGUEL. Chico, es que estaba liado con un trabajo que me tenía muy ocupado, pues quería terminarlo en seguida. Pero en primer lugar quiero presentaros[4] a mi amigo Jack . . . Jack es inglés y viene a España a pasar una temporada. Jack, éstos son mis amigos más íntimos, Julián y Susana. A partir de ahora los verás más de una vez, pues viven cerca y de vez en cuando se pasan por aquí para acompañarme un rato y charlar.

SUSANA. ¿Cómo estás, Jack?

JULIÁN. ¿Qué tal?

JACK. Mucho gusto en conoceros.

MIGUEL. Bueno, sentaros todos. Susana, tú ahí en el sofá, junto al radiador, que ya sé que eres una friolera;[5] y tú, Julián, junto a ella, que en otro sitio no estarías a gusto . . .

SUSANA. Siempre estás del mismo humor. Este chico siempre está soltando indirectas; es un guasón, ¿sabes, Jack?

JACK. ¿De veras?

MIGUEL. Nada de eso. Lo que pasa es que en esta vida hay que tener sentido del humor; y si no, peor para uno. Pero en realidad

16

yo me tomo muy en serio algunas cosas; no demasiadas, desde luego . . .

JULIÁN. Anda, anda, no vayas a empezar con tus filosofías baratas. (*A Jack*) ¿Qué te parece Madrid, Jack?

JACK. Aún no he podido ver mucho, pues estoy recién llegado;[6] pero mi primera impresión ha sido magnífica. Durante mi estancia aquí, creo que voy a dedicar todo el tiempo que pueda a visitar cada rincón de esta ciudad . . .

SUSANA. No creas que te llevaría poco tiempo hacer una visita minuciosa. Madrid tiene cerca de dos millones de habitantes, que con la población flotante quedan sobrepasados: esto te dará idea de que es una ciudad bastante grande. Lo mejor que podrías hacer sería concentrarte en los sitios de interés, que, por cierto, no son pocos.

JACK. Eso es lo que haré. Para empezar, me gustaría visitar los lugares de más fama: el Palacio Real, el Retiro,[7] el Museo del Prado . . .

MIGUEL. A propósito, y perdona que te interrumpa: si quieres, Julián podrá acompañarte un día al Museo del Prado. No te importaría, ¿verdad, Julián?

JULIÁN. Al contrario, sería un placer.

MIGUEL. Más vale que vaya él contigo,[8] pues de esa forma aprovecharás mucho mejor la visita, ya que Julián podrá hablarte con autoridad de las obras de arte que allí se conservan; sobre todo, de las pinturas, que son lo mejor del museo. Él entiende mucho de pintura, por ser pintor.[9]

JULIÁN. Si quieres, te hablaré largo y tendido[10] de ellas; pero no te creas eso de que soy pintor: yo solamente *pinto*, ¿sabes? Pero de ahí a poder decir que yo sea *pintor*, en toda la extensión de la palabra, hay un gran trecho.

SUSANA. Sin embargo, el año pasado ganaste el primer premio en la exposición organizada por la Facultad.

JACK. Creí haber entendido antes que Julián era estudiante de Filosofía y Letras.

MIGUEL. Y lo es. Lo que pasa es que al mismo tiempo dedica sus

El churrero

buenos ratos[11] a la pintura; puede hacerlo con facilidad y con provecho, pues su padre es pintor y le dirige; además, tiene un estudio magnífico. Un día hemos de ir allí.

JULIÁN. Por supuesto. Y espero que sea pronto.

SUSANA. ¿Tienes planes formados para el tiempo que vas a permanecer en España, Jack?

JACK. ¡Ah, sí! Tengo un gran interés en observar la vida española; he leído mucho sobre España, y creo que ya es hora de que vea por mí mismo. También siento interés por los monumentos; pero me parece que, desde un punto de vista simplemente humano, es mucho más interesante observar el modo de vida de un pueblo que visitar los centros de atracción turística.

MIGUEL. En eso estás muy acertado. Yo nunca he podido comprender a cierta clase de turistas que recorren el país en un *tour*[12] vertiginoso, sin detenerse en cada lugar más que el tiempo preciso para disparar una fotografía.[13] En mi opinión, el interés de visitar países reside en poder llegar a comprender pueblos y costumbres, distintos a los propios, y poder aprender de todo ello; pues ésta es siempre una experiencia muy aprovechable.

JACK. Tienes razón. Y en cuanto a España, no creo que haya otra nación más interesante y, a la vez, más difícil de llegar a conocer y entender bien.

MIGUEL. Bueno, hablando de otra cosa: ¿qué os parece si merendamos de una vez? Esos bocadillos de jamón serrano están estupendos.[14] En vuestro honor, voy a abrir una botella de jerez.

NOTAS

[1] *merendar*, 'to have tea'. In most homes, the *merienda* consists of a sandwich, with, sometimes, coffee. The two main meals are *la comida*, 'lunch', taken at about 2 p.m., and *la cena*, 'evening dinner, supper', eaten at about 10 p.m. *El almuerzo* is widely used as an alternative to *la comida*, but in some parts of Spain it may replace *el desayuno*, 'breakfast'. *La comida* may also mean 'food' or 'meal', e.g. *Hacemos tres comidas al día*; *¿Qué te parece la comida española?*

Breakfast in Spain is a very light meal, consisting usually of coffee and toast or biscuits.

[2] *¡Nada, ni hablar!* 'Not a word of it!' This is an elliptical expression for *No hay ni que hablar de eso.*

[3] *Apenas se te ve el pelo,* 'I've scarcely had a glimpse of you'. Note the use of the Present Tense in Spanish, where in English the Present Perfect is used.

[4] Distinguish between *presentar,* 'to present, introduce' (one person to another), *presentarse,* 'to present oneself, appear', and *introducir,* 'to insert, introduce' (e.g. a topic of conversation).

[5] *friolero(a),* 'sensitive to cold'. *Friolera* is also used ironically as a noun meaning 'a trifle', e.g. *Cuesta la friolera de cinco mil libras,* 'It costs a cool five thousand pounds'.

[6] *estoy recién llegado,* 'I have only just arrived'. In the context, this expression is more emphatic than *acabo de llegar* or *he llegado hace poco.* Compare the vulgarism *Estoy comido* for *Ya he comido.*

[7] *El Retiro* is a famous park in Madrid. Its full name is *Los jardines del Buen Retiro.*

[8] *Más vale que vaya él contigo,* 'He had better go with you'. Note the distinction from: *Es mejor que vaya,* 'It is better for him to go'.

[9] *por ser pintor,* 'as he is an artist'.

[10] *largo y tendido,* 'at great length'.

[11] *dedica sus buenos ratos,* 'he devotes quite a lot of time'. Note also: *Tiene sus buenos cincuenta años,* 'He's a good fifty years old'.

[12] *tour.* This word has no exact counterpart in Spanish. *La vuelta a Francia* is the Tour de France cycle race, but in other cases *vuelta* means 'stroll' or 'movement around'. Other similar words are *la correría,* which suggests 'incursion, foray', and *las andanzas,* 'wanderings, adventures'.

[13] *disparar una fotografía,* 'to take a snap'. The more frequent expression is *sacar una foto.* Compare: 'to shoot a film' (*rodar una película*).

[14] *están estupendos,* 'are wonderful'. *Estar* is frequently used to refer to the taste of food and drink, with adjectives like *rico, agradable, sabroso, amargo, soso* and *salado.*

EJERCICIOS

1. *Cuestionario:*

¿A qué hora meriendan los dos amigos?
¿Quién viene de visita?
¿Por qué vacila Susana en quedarse?
¿De qué se alegran todos?
¿Qué es lo que ha tenido ocupado a Miguel?
¿Qué hace Miguel en seguida?
¿Dónde se sienta Susana, y por qué?
¿Qué es un guasón?
¿Qué opina Jack sobre Madrid?
¿Por qué vale la pena ir a un museo acompañado de un pintor?
¿Qué lugares madrileños quiere visitar Jack en primer lugar?
¿Con qué ventajas cuenta Julián para ser pintor?
¿Qué opinión tiene Miguel sobre cierto tipo de turistas?
¿Por qué será España difícil de llegar a conocer y entender bien?
¿Con qué motivo abre Miguel una botella de jerez?
¿A qué cree usted que brindarán los amigos con este vino?

2. *Explíquense en español las siguientes palabras y expresiones:*

tener visita; verte el pelo; ser muy friolero; sentido del humor; filosofías baratas; la población flotante; una obra de arte; una exposición; dedicar los buenos ratos de uno a; un monumento; centros de atracción turística; el jerez.

3. *Fórmense frases originales empleando:*

llegar a punto; alegrarse de; presentar; a partir de; de vez en cuando; estar a gusto; soltar una indirecta; tomar en serio; estar de buen (mal) humor; a propósito; no me importaría; más vale; estar acertado; formar (hacer) planes; tener razón; a la vez; de una vez; el modo de vida.

4. *Redacción:*

(a) Usted está en su casa y llega un amigo (una amiga). Escriba la conversación entre los (las) dos.
(b) Discutir el mejor modo de ver un país.
(c) Lo que usted quisiera ver durante una temporada en Madrid.

3. *Saludos y despedidas*

JACK. Hay algo en el idioma español que no acabo de entender bien:[1] la cuestión[2] de saludos, despedidas, etc. Creo que hay demasiadas fórmulas, y me es difícil[3] distinguir el sentido de cada una.

MIGUEL. Sí, las fórmulas de cortesía en nuestro idioma son un poco complicadas. Empecemos por los saludos. El más elemental de todos es *adiós*, que es la expresión que se emplea al cruzarse[4] por la calle, de pasada, con una persona conocida; pero debes tener en cuenta[5] que *adiós* también se usa para despedirse, tanto si es hasta el día siguiente como si no vas a ver en mucho tiempo a la persona de la que te despides; por ejemplo, ante[6] un viaje.

JACK. ¿Qué debo decir al llegar?

MIGUEL. Con arreglo a la hora del día, puedes decir *buenos días*, *buenas tardes* o *buenas noches*. Pero aquí hay algo peculiar: el empleo de estas expresiones se rige más bien por las comidas que hayas[7] hecho que por la hora que marque el reloj; así, debes decir *buenos días* desde que te levantes hasta que almuerces; *buenas tardes*, desde entonces hasta la hora de la cena, y *buenas noches* desde la cena hasta que te vayas a acostar. Desde luego, dices *buenas noches* cuando te vas a la cama, pero también lo dices a tu llegada, si es después de cenar.

JACK. Empiezo a comprender. Ahora me explico por qué el otro día, cuando llegaste a casa a las tres de la tarde, dijiste *buenos días*.

MIGUEL. Eso es. Todavía no había almorzado.[8]

JACK. ¿Y cómo puedo saber cuándo debo emplear cada una de las muchas expresiones formadas con *hasta*: *hasta ahora*, *hasta luego*, *hasta mañana*, *hasta pronto*, *hasta la vista*, etc.?

MIGUEL. Es muy fácil: sólo tienes que pensar en el significado del adverbio que suele ir detrás. Por ejemplo, *hasta ahora* quiere decir que vas a ver de nuevo a tu interlocutor en breves momentos;

hasta luego implica que le vas a ver *luego*; *hasta mañana* se refiere, naturalmente, a un encuentro al día siguiente; *hasta pronto* es más abstracto, no se especifica cuándo tendrá lugar la próxima reunión. *Hasta la vista* quiere decir, literalmente, 'hasta que te vea otra vez', sea cuando sea;[9] es el equivalente más exacto del francés 'au revoir' o del italiano 'arrivederci'.

JACK. ¡Ah, pues no es tan difícil como pensaba! Pero, ¿y en cuanto a las presentaciones?

MIGUEL. La fórmula más usada es *¿Cómo está usted?*, a lo cual se suele responder *Muy bien; ¿y usted?*, y el otro, a su vez, *Muy bien, gracias*. Pero en vez de todo esto, puedes decir simplemente, al ser presentado: *Encantado de conocerle* (o conocer*la*, si se trata de señora o señorita). Tampoco debes olvidar que las personas jóvenes, por ejemplo, los estudiantes como nosotros, suelen tutearse desde el principio. En este caso, todo lo dicho anteriormente se cambiaría a *¿Cómo estás? Muy bien; ¿y tú? Encantado de conocerte*.

JACK. Todo eso está muy bien; sin embargo, hasta ahora a las personas que me has presentado apenas he oído emplear ninguna de esas fórmulas.

MIGUEL. Claro, es que entre gente joven todas estas fórmulas, algo rígidas, se usan muy poco, y se suavizan en otras, tales como: *¿Qué tal?* o *¿qué hay?* También puedes decir, sencillamente: *¡Hola, Fulano!*[10] Pero recuerda que *¡hola!* puede ser un saludo, equivalente a *buenos días* o *buenas tardes*, aunque sólo al llegar, no al marcharte.

JACK. ¿Y qué debo decir si piso a alguien en el autobús?

MIGUEL. Debes decir *perdón*. Ahora bien, este vocablo tiene dos variantes: *perdone* (o *perdone usted*, o *usted perdone*), si se trata de una persona desconocida, a la que hables[11] de usted, y *perdona*, si te diriges a alguien a quien tutees. *Lo siento* o *lo siento mucho* es bastante más enfático, y se usa poco; puedes usarlo, por ejemplo, si tienes la mala suerte de derramar el café sobre alguien...

JACK. Espero que eso no ocurra nunca.

El Rastro

MIGUEL. En ciertos casos, también puedes decir *con permiso*: por ejemplo, si el tranvía está lleno de gente y quieres abrirte paso hacia la salida, o si te ausentas por unos momentos de una habitación[12] en la que estés con otras personas. También puedes emplear *dispense* (o *dispensa*, si usas el tuteo), en otras ocasiones. En cuanto a la manera de pedir las cosas cortésmente, ya sabes que debes decir, en todos los casos, *por favor*, o bien puedes comenzar la frase con *¿Quiere usted* (o *quieres*) *hacer el favor de...?* También puedes empezar así: *Haga usted* (o *haz*) *el favor de . . .*

JACK. ¿Pasamos ahora a las felicitaciones?

MIGUEL. Eso es ya más sencillo.[13] Lo más general,[14] que puede servir para casi todos los casos, es decir *felicidades* o *muchas felicidades*, aunque esta expresión se emplea preferentemente para felicitar a las personas en el día de su santo.[15] En otros casos, de acuerdo con lo que se quiera felicitar, puede decirse *feliz cumpleaños, feliz aniversario*, etc. La fórmula para el tiempo navideño es *felices Pascuas y próspero año nuevo*.

JACK. ¿Y para felicitar a una persona que acaba de tener éxito en algo?

MIGUEL. Nada más que *enhorabuena*.

JACK. Bueno, pues muchas gracias, Miguel. Ahora creo que debo repasar todo esto varias veces para aprenderlo bien, pues es bastante de una sola vez.[16]

NOTAS

[1] *No acabo de entender bien*, 'I cannot understand properly'. *Acabar* often means 'to finish', but it is also equivalent to 'have (had) just' when used in the Present and Imperfect Indicative followed by *de* and an infinitive. Examples: *Acabo de llegar*, 'I have just arrived'; *Acababan de dar las dos*, 'It had just struck two'; *Mi padre acabó de leer el periódico*, 'My father finished reading the newspaper'; *Se me acabó el dinero*, 'I ran out of money'; *Acabaron por escribir al Ministerio*, 'They ended by writing to the Ministry'; *Acabamos con el trabajo*, 'We finished the work off'.

[2] Distinguish between *la cuestión*, 'matter, problem' (also *el problema*)

and *la pregunta,* 'question' (interrogation), e.g.: *la cuestión de Gibraltar,* 'the question (matter, problem) of Gibraltar'; *Me hace usted una pregunta muy difícil de contestar,* 'You are asking me a question which is very difficult to answer'. Also: *Es cuestión de dos horas,* 'It is a question (matter) of two hours'; *el hombre en cuestión,* 'the man in question'.

[3] *me es difícil,* 'it is difficult for me, I find it difficult'. Other examples of the dative are: *Juan me ha roto la figura de porcelana que me regaló mamá,* 'John has broken (for) me . . . '; *Me lo estropearon,* 'They ruined it for me'; *Le compramos un libro,* 'We bought a book for (or from) him'; *Me ha elogiado mucho mi proeza,* 'He has praised me a great deal for my feat'. The use of *para* in rendering 'for me', etc., is much more emphatic: *Para ti eso no es nada, pero para mí es todo.*

[4] *al cruzarse,* 'when people meet'. *Cruzar* really means 'to cross (over)', e.g. *cruzar los Alpes,* 'to cross the Alps'; *cruzar la calle,* 'to cross the street'; *Él se cruzó en mi camino,* 'He crossed my path'; *cruzarse de brazos,* 'to fold one's arms'. *Atravesar* means 'to cross (pass) through': *He atravesado una crisis,* 'I have come through a crisis'; *El torero atravesó al toro de parte a parte con el estoque,* 'The bullfighter ran the bull through with the sword'.

[5] *tener en cuenta,* 'to bear in mind'. *Tener presente* is an alternative expression. Note also: *darse cuenta de algo,* 'to realise something'; *tomar en cuenta,* 'to take into account'; *hacer cuentas,* 'to make a reckoning'. *La cuenta,* 'bead, bill, account', should be distinguished from *el cuento,* 'story'.

[6] *ante,* 'before'. While *antes de* refers to time, *ante* has the meaning of 'when faced with', 'in the presence of': *el problema que está ante nosotros,* 'the problem before us'.

[7] *hayas.* The subjunctive suggests 'whatever meals'—an indefinite antecedent. Similarly, *marque* suggests 'whatever hour (time)'. *Te levantes, almuerces* and *te vayas* also indicate uncertainty as to time, while *cuando te vas* refers to a precise point of time.

[8] *almorzado.* See Conversation 2, note 1. Here, *almorzar* is used in the sense of 'to have lunch'.

[9] *sea cuando sea,* 'be when it may, whenever it may be'. Compare: *venga lo que venga,* 'come what may'; *diga lo que diga,* 'whatever he says (may say)'. Notice: *venga a lo que venga,* 'whatever his business may be'.

10 *Fulano*, 'So-and-so'. This word is used when the precise name of a person is for any reason not given. Also used in this way are *Zutano, Mengano* and *Perengano*.

11 *hables, tutees*. The use of the Subjunctive emphasises the hypothetical nature of the illustration.

12 *habitación*. Note that this word always means 'room' and never 'house' or 'home'.

13 *sencillo*, 'simple, easy, straightforward'. Not to be confused with *simple*, 'mere, simple (of the mind)'. See *sencillamente* and *simplemente* used in the same conversation.

14 *Lo más general*, 'the most usual thing'. *Lo* is widely used with adjectives in this way, e.g. *lo mismo*, 'the same thing'; *lo difícil*, 'the difficult thing, the problem'; *en lo posible*, 'as far as possible, as far as you (I, etc.) can'.

15 *el día de su santo* or *sus días*, 'their saint's day'. In Spain, the saint's day is observed with more attention than the birthday. One's 'saint' is the saint whose name one bears. Every Spanish child is baptized with a name taken from the *Santoral* (list of saints).

16 Other popular expressions are: *Que usted lo pase bien; Que usted siga bien; Vaya usted con Dios* (to one who is leaving); *Quede usted con Dios* (to one who is staying); *Con Dios*.

EJERCICIOS

1. *Cuestionario:*

¿Qué cuestión no entiende Jack?
¿Por qué no la entiende?
¿En qué ocasiones se usa el saludo 'adiós'?
¿Qué se debe decir al llegar a un sitio?
¿Durante qué parte del día se emplea 'buenas tardes'?
¿Y 'buenas noches'?
¿Qué implica 'hasta mañana'?
¿Y 'hasta pronto'?
¿Qué se dice al ser presentado?
¿Qué diría usted para presentar una persona a otra?
¿Y qué se contesta?
¿Qué personas se tutean?

¿Qué fórmulas usa la gente joven, y por qué?
¿Qué distinción hay entre '¡hola!' y 'buenos días'?
¿Qué pensará usted que va a hacer una persona que dice 'buenas noches?'
¿En qué circunstancias se dice 'perdón'?
¿Por qué se usa poco 'lo siento'?
¿Qué distinción hay entre 'perdón' y 'con permiso'?
En la mesa, ¿cómo se pide la sal?
¿Qué se dice a una persona en el día de su santo?
¿Qué se dice a un amigo que acaba de aprobar un examen?

2. *Explíquense en español las siguientes palabras y expresiones:*

la fórmula; el saludo; la despedida; de pasada; el reloj; el almuerzo; la cena; el significado; en breves momentos; un encuentro; abstracto; el equivalente; la presentación; olvidar; tutearse; pisar; el autobús; una variante; ausentarse; la felicitación; el día de su santo; repasar.

3. *Fórmense frases originales empleando:*

la cuestión; la pregunta; un poco complicado; cruzarse; cruzar; tener en cuenta; con arreglo a; me explico; se suele; se trata de; bastante más; tener mala (buena) suerte; tener la mala (buena) suerte de; abrirse paso; de una sola vez.

4. *Redacción:*

(*a*) Empleando los saludos normales, escríbanse conversaciones cortas:
    (i) Cuando dos amigos se encuentran en la calle;
    (ii) Cuando un amigo mutuo le presenta a usted a cierto señor o señora;
    (iii) Entre dos señoras que se ven en el autobús.
(*b*) Escríbase una conversación entre dos vecinas en que se emplee 'Lo siento mucho'.
(*c*) Una visita a un amigo en el día de su santo.

4. *Preparando una fiesta*

Dentro de unos días será el cumpleaños[1] de Susana, así es que ella y Julián están planeando[2] organizar una reunión a la que invitarán a un grupo de amigos y compañeros de clase, y que tendrá lugar en casa de Susana.

JULIÁN. Creo que debemos pensar en tu cumpleaños, Susana. ¿Cómo piensas[3] celebrarlo?

SUSANA. A mí me gustaría dar una fiestecita[4] en casa. ¿Qué te parece a ti?

JULIÁN. Estupendo. Pero organizar un *guateque* de éstos es algo difícil, si queremos que salga bien.

SUSANA. Podemos ir pensando los detalles poco a poco. Lo primero,[5] el lugar; desde luego, sería[6] en mi casa, pero en la última fiesta que di no había mucho sitio para bailar, ya que no pudimos contar con el estudio[7] de mi hermano Juan. Sin embargo, ahora que él está fuera hemos convertido esa habitación en recibidor; así pues, con ese cuarto, la sala de estar y el vestíbulo, creo que habrá espacio suficiente. Sólo tendremos que trasladar algunos muebles al comedor.

JULIÁN. ¿Dónde pondremos el tocadiscos?

SUSANA. El mejor sitio sería en el rincón que hay a la entrada de la sala de estar, pues así podría oirse la música igualmente en las tres habitaciones. Además, tendríamos a mano el aparador para poner los discos.

JULIÁN. Ahora que hablas de discos: me parece que tendremos que pedir algunos prestados[8] a algún amigo. Con los que tenemos entre los dos no hay bastante música de baile, y ya sabes que en cuanto empiezan a repetirse los mismos discos la fiesta empieza a hacerse aburrida.

SUSANA. Tienes razón. Mi amiga Pura tiene una buena colección de discos bailables, y seguramente no tendrá inconveniente en prestarnos algunos.

JULIÁN. ¿Crees tú que tu madre querrá encargarse de las pastas y los dulces?

SUSANA. Estoy segura, pues lo ha hecho otras veces. Pero no debemos agobiarla con demasiado trabajo; nosotros mismos podríamos comprar algunas cosas en la confitería, de forma que ella apenas tendría que encargarse más que de hacer los bocadillos,[9] que siempre son mejores preparados en casa. ¡Ah! ¿Y las bebidas?

JULIÁN. Eso déjalo en mis manos. Llevaré algunas botellas de vino blanco y vino tinto, un par de botellas de coñac, y una de licor para las chicas que lo prefieran. Tampoco vendrían mal unas botellas de champaña para brindar todos con él a tu salud, ya que se trata precisamente de tu cumpleaños. ¿Qué te parece?

SUSANA. Me parece magnífico. Pero ten en cuenta que habrá algunas chicas que no tomen bebidas alcohólicas; así es que tendrás que traer también algunas bebidas ligeras, como naranjada, gaseosa, o algo por el estilo.

JULIÁN. Está bien. ¿A quiénes vas a invitar?

SUSANA. No a demasiada gente, sólo a los amigos más íntimos y a algunos compañeros de la Facultad. También invitaré a Jack, el chico inglés al que conocimos[10] el otro día en casa de Miguel; es muy simpático,[11] y creo que lo pasará bien. Además, así tendrá ocasión de conocer a más gente de su edad, y de ver cómo es[12] una fiesta entre estudiantes.

JULIÁN. Pero procura que no haya[13] muchos más chicos que chicas, ni al revés; para una fiesta en la que lo principal va a ser el baile, esto es esencial.

SUSANA. Oye,[14] ¿y si trajeras[15] la película que rodamos en Italia? Serviría muy bien para amenizar un descanso entre baile y baile. No cabe duda que ha de gustar, pues tiene escenas muy divertidas.

JULIÁN. Es una buena idea. Espero que el proyector funcione bien; ya sabes que es algo antiguo, y a veces hace que la cinta se corte. A ver si[16] tenemos suerte . . . En cuanto a la proyección, no habrá

Bebiendo del botijo

dificultad, pues la pared del vestíbulo es blanca y serviría bien de[17] pantalla. Lo malo es que algunos tendrán que sentarse en el suelo, pues no habrá asientos para todos; pero no creo que les importe.

SUSANA. También podríamos pasar la película en el comedor; quizás aquel sitio sea más adecuado, pues como es una habitación corrida con[18] el despacho de mi padre, colocándonos en este último veríamos las imágenes desde algo más lejos, lo cual es mejor que verlas desde demasiado cerca. ¿Qué te parece?

JULIÁN. Bien. Pero a ver si tus padres van a decir que tenemos toda la casa invadida . . .

SUSANA. Un día es un día.[19] Lo que sí[20] me gustaría es que advirtiésemos a los invitados que no deben hacer demasiado ruido; es por[21] los vecinos de arriba y abajo, ¿sabes? Cuando se vive[22] en un piso . . .

JULIÁN. En eso tienes toda la razón. No obstante, debes pensar que en un *guateque* entre jóvenes siempre tiene que haber algo de ruido. Es más, mala señal sería que todos estuviesen silenciosos, pues significaría que se aburrían como ostras.[23]

SUSANA. Me harás falta para ultimar detalles y poner las cosas en orden en casa; sobre todo, a última hora. Además, no olvides que sería conveniente adornar un poco las paredes y el techo con papeles de colores y globitos, que dan mucho ambiente;[24] y de eso has de encargarte tú. ¿Puedes venir mañana por la tarde para seguir con los preparativos?

JULIÁN. De acuerdo. Yo soy el primero que tengo[25] interés en que resulte una fiesta digna de ti. Hasta mañana, pues.

NOTAS

[1] *el cumpleaños*, 'the birthday'. See Conversation 3, note 15.

[2] *planeando*, 'planning'. This is a word of modern coinage. An older verb is *proyectar*.

[3] Note these two uses of *pensar*. With *en*, it means 'to think of', while followed by an infinitive with no preposition it means 'to intend'.

Followed by *de*, and usually in the interrogative, it means 'to think of' in the sense of 'to have an opinion of': *¿Qué piensas de Juan?* 'What do you think of John?' (Reply: *Me parece* . . .). See also on the same page *pensar los detalles*, 'to think about the details'.

4 *una fiestecita*, 'a party'. *La fiesta* may also be used in this sense, but often means 'public holiday', applying to a whole day (Compare: *Fiesta Nacional* (no article), a public holiday, and *la fiesta nacional* = *la fiesta brava*, 'the bullfight'). *Las vacaciones* (always used in the plural) is 'the annual holiday' of longer duration. *El veraneo* is 'the summer holiday', associated with a visit to the seaside or mountains. *Veranear* is the corresponding verb. *El guateque* is a popular word, meaning 'tea-party'.

5 *Lo primero*, 'the first thing'. See Conversation 3, note 14.

6 *Ser* is used to replace another verb, such as *tener lugar*. Similarly: *¿Dónde es el baile?* 'Where is the dancing (taking place)?' *Ser* is also used impersonally, e.g. *Aquí es donde* . . . , 'It is here that . . . '.

7 *el estudio*, 'the studio' (of an artist). Other meanings are 'treatise' and 'academic study'. 'Study' in the sense of private room where people are interviewed is *el despacho*; one devoted to private use only is *el gabinete*.

8 *Pedir prestado*, 'to borrow', takes a dative and accusative construction. *Prestado* is an adjective, and must agree with the accusative (the thing borrowed): *Le pedí prestadas unas maletas.* *Tomar prestado* is rarely used.

9 *los bocadillos*, 'the rolls'. The anglicism *el sandwich* is also used, with obvious implications.

10 *conocimos*, 'we met'. *Conocer* means 'to be (or to become) acquainted with'. Compare: *Ya le conocía*, 'I already knew him'; *Le conocí ayer*, 'I met (got to know) him yesterday'.

11 *simpático*, 'pleasant, nice'. This word is widely used referring to both people and things. The opposite is *antipático*.

12 *cómo es*, 'what it is like'. We could also say *qué tal es*.

13 *procura que no haya*, 'try not to have'. *Haya* is from the impersonal verb 'to be', *haber*. The Subjunctive is used in noun clauses dependent upon verbs like *procurar*.

14 *Oye*, 'I say'. This is the second person singular Imperative of *oir*. *Oiga* is the form with *usted*.

15 *¿y si trajeras . . . ?* 'What if you brought . . . ? What about . . . ?'

CE B

[16] *A ver si.* This is an abbreviation of *vamos a ver si* . . . It is used very widely in colloquial speech, in expressions like *A ver si me dejáis en paz, A ver si consigo dormir, A ver si estudias más.*

[17] Note that *servir de* is used with a noun, while previously *servir para* was followed by an infinitive.

[18] *corrida con,* 'continuous with'. This means that there is no wall between the two rooms, but at most a sliding door, a curtain or a screen.

[19] *Un día es un día.* Susana means 'A birthday is of some importance, after all'.

[20] *Sí* is used to emphasise the statement, as in *Sí que irás,* 'you shall go'

[21] *por,* 'on account of, because of'.

[22] *Cuando se vive,* 'When one lives'.

[23] *se aburrían como ostras,* 'they were bored stiff'. Literally, 'as bored as oysters'.

[24] *que dan mucho ambiente,* 'which create a nice atmosphere'. *La atmósfera* is used for 'atmosphere' in a physical sense only.

[25] He could also say *tiene.* The agreement with the relative is more frequent, but in the present case more emphasis is gained by the agreement with the subject of the main verb.

EJERCICIOS

1. *Cuestionario:*

¿Quiénes van a asistir a la fiesta?

¿Dónde tendrá lugar?

¿Por qué es difícil organizar una fiesta?

¿Qué dificultad encontraron en la fiesta anterior?

¿Por qué será mucho más fácil esta vez?

¿Por qué tienen que pedir discos prestados?

¿Cuándo nos aburrimos en una fiesta?

¿Qué tipo de discos quieren, y por qué?

¿Por qué opina Susana que los bocadillos son mejores preparados en casa?

¿Por qué van a invitar a Jack?

¿Por qué procuran invitar igual número de chicos y chicas?

¿Por qué es mejor ver la película desde lejos?

¿Qué inconveniente pueden tener los padres?
¿Qué desventaja tiene el vivir en un piso?
¿Podemos divertirnos sin hacer mucho ruido?
¿De qué tendrá que encargarse Julián?
¿Tiene Julián interés en el éxito de la fiesta?
¿Qué le parecen a usted los preparativos para la fiesta?

2. *Explíquense en español las siguientes palabras y expresiones:*

el cumpleaños; una reunión; el guateque; el tocadiscos; el estudio; el recibidor; la sala de estar; el aparador; discos bailables; la confitería; algo por el estilo; brindar; está bien; al revés; amenizar; un descanso; advertir.

3. *Fórmense frases originales empleando:*

tener lugar; pensar, pensar en, pensar de; poco a poco; lo primero; estar fuera; igualmente; tener a mano; pedir prestado; en cuanto; tener razón; tener inconveniente; encargarse de; estar seguro; venir mal; se trata de; tener en cuenta; pasarlo bien; tener ocasión; servir para; servir de; no cabe duda; a veces; a ver si; tener suerte; lo malo es; aburrirse; hacer falta; dar ambiente.

4. *Redacción:*

Describa usted los preparativos de su fiesta de cumpleaños.

La zambomba y la pandereta

5. *Una familia*

Los señores García, tíos[1] de Miguel, viven en un chalet[2] en la Ciudad Jardín, barrio residencial de Madrid. Don José es químico y trabaja en unos laboratorios; su esposa, doña Matilde, cuida de la casa y de los dos hijos: María del Carmen, de doce años, que está haciendo el bachillerato[3] en el instituto, y el pequeño Manolito, que sólo tiene dos años y medio, y que por tanto todavía no va a la escuela. Los cuatro están desayunando. Don José mira la correspondencia, mientras doña Matilde atiende la mesa.

DON JOSÉ. Aquí hay una carta de Antonio, que escribe desde su casa de Sevilla. Dice que va a venir a Madrid por unos quince días para hacer unas oposiciones,[4] y pregunta si podremos alojarle en casa.

Dª MATILDE. Me alegro mucho de que se decida a hacer esas oposiciones, y estoy segura de que las sacará, pues tiene un gran talento. Pero no sé si podremos instalarle cómodamente.

Mª CARMEN. Mamá, yo quiero que venga Antonio, para poder jugar con él. ¿Te acuerdas de cuando estuvo aquí aquel verano? Nunca me decía que no[5] cuando yo quería jugar a la pelota o dar un paseo por el pinar.

DON JOSÉ. Sí, ya sabemos que le diste bastante la lata[6] al pobre Antonio, que buena paciencia tuvo contigo. (*A su esposa*) Yo creo que debemos pensar algo. Desde luego, tiene sitio, pues las dos habitaciones de arriba están desocupadas desde que las mandamos hacer[7] en la primavera pasada.

Dª MATILDE. Pero están casi desamuebladas; ya sabes que las hicimos pensando en que dentro de poco Manolito no podrá seguir durmiendo en la cuna, en nuestro dormitorio, y necesitará una habitación para él solo; y cuando se haga mayor y sea estudiante le gustará tener un cuarto de estudio donde nadie le moleste.

DON JOSÉ. Sí, ya sé. Pero quizá se pueda arreglar. Por ejemplo, podríamos instalarle en la mayor de ellas, poniendo allí el sofá-cama y una de nuestras mesitas de noche. Como hay un armario empotrado, no habrá problema en cuanto a su ropa.

Dª MATILDE. Pero, ¿y en cuanto a sus libros? Déjame pensar ... Se me ocurre que quizás tú podrías prescindir por unos días de la repisita que hay en tu estudio, que no te hace mucha falta,[8] y que sería suficiente para los libros que él trajera.

DON JOSÉ. Sí, sí, claro. También podríamos subir allí una de las butacas[9] de la sala de estar; en realidad, en esa habitación hay muebles de sobra.

Dª MATILDE. Hay otra cuestión: Antonio está acostumbrado al clima de Sevilla, que es mucho más cálido[10] que el de Madrid, y puede que sintiera frío[11] en esa habitación, que está recién hecha y aún no se calienta bien con el radiador. Tendremos que poner allí la estufa eléctrica.

Mª CARMEN. Y yo le prestaré mi lámpara portátil, que le vendrá muy bien si quiere estudiar. Pero necesitará una mesa.

Dª MATILDE. Ya había pensado en eso. Como no tenemos una apropiada, tendremos que comprarla. De todas formas teníamos que hacerlo un día u otro, pues la necesitamos, así es que ésta es la ocasión para decidirse.

DON JOSÉ. Hablando de otra cosa, ¿qué te parece como va marchando[12] la nueva instalación de calefacción central?

Dª MATILDE. Me gusta mucho más que el fuego de chimenea que teníamos antes. Con la calefacción central se calienta toda la casa a la vez, por medio de los radiadores. A María del Carmen le viene muy bien, pues le gusta hacer los deberes del instituto en su cuarto, que ahora está más caliente. Además, yo tenía siempre algo de miedo por Manolito, que ya anda por sí solo como un hombrecito, y en un momento de descuido podía[13] caerse a[14] la chimenea.

DON JOSÉ. Tienes toda la razón. La calefacción central tiene muchas ventajas. Ya veremos cómo sale en cuanto a la cuestión económica; pero mi impresión es que no resultará más cara que el viejo sistema; si acaso, lo mismo ...

Dª MATILDE. María del Carmen, ten cuidadito[15] de que no se te caigan las galletas en el café, hija. ¿Ves? Ya te has salpicado y te has manchado el vestido. Y ahora no tienes tiempo de cambiarte, pues se echa encima la hora del instituto[16] ... (*Suspirando*) ¡Ah, qué hijos estos ... !

DON JOSÉ. ¿Qué tal se porta Manolito cuando yo no estoy en casa?

Dª MATILDE. ¡Es más bueno ... ![17] Siempre está distraído con sus juguetes, y cuando se le ocurre algo que él estima muy importante, viene a mí para contármelo con su media lengua. A veces también enreda lo suyo,[18] y hasta tengo que reñirle, pues no debe entretener mucho a su mamá, que tiene mucho que hacer, ¿verdad, pequeñín?

DON JOSÉ. Oye, ¿has tenido noticias de Miguel?

Dª MATILDE. ¡Qué cabeza la mía! Llamó ayer por teléfono, mientras tú estabas fuera, y luego se me olvidó[19] decírtelo. Me estuvo contando que ahora está con él un amigo suyo inglés, que ha venido a España para hacer no sé qué estudios en la Facultad de Letras; parece que está muy contento de tener a su amigo con él, y me dijo que, si nos parece bien, vendrán los dos el próximo sábado, pues quiere que el chico inglés nos conozca.

Mª CARMEN. Sí, sí, mamá, que vengan, que yo tengo muchas ganas de ver a un inglés. ¿Será alto, rubio, y fumará en pipa, mamá?

Dª MATILDE. Yo qué sé, hija ... Es posible; pero supongo que hay ingleses que no son como tú dices. ¿Qué dices tú, José? ¿Estarás en casa el sábado?

DON JOSÉ. Sí, no tengo ningún compromiso para el sábado, así es que estaré en casa todo el día. Que vengan a la hora de merendar, o antes si quieren, y acompañaremos al inglés a ver estos alrededores. También a mí me alegra recibir a un inglés, pues Inglaterra siempre me ha interesado, sobre todo en mi juventud, cuando pasé allí una temporada; me gustará charlar con él de su país y preguntarle cosas que quisiera saber de aquellas tierras.

Mª CARMEN. A mí no me gustaría vivir en Inglaterra, pues allí siempre está lloviendo y hace mucho frío; además, a mí no me gusta la niebla, y en una estampa que he visto en un libro aparece Londres con mucha niebla. Pero me gustaría ver el río Támesis y visitar el palacio de Buckingham, donde vive la reina Isabel II.

Dª MATILDE. Ya veo que sabes mucho de Inglaterra. Pero, anda, termina pronto, que se te va a hacer tarde.[20]

DON JOSÉ. Bueno, me marcho. Hasta la tarde. ¿Quieres hacer el favor de escribir tú misma a Antonio, diciéndole que puede venir cuando quiera?

Dª MATILDE. Sí, descuida.[21] Lo haré hoy mismo.

DON JOSÉ. Y recuerda, María del Carmen, que esta vez Antonio no podrá dedicarte mucho tiempo, para jugar› contigo, pues tendrá mucho que hacer. Hasta luego.

Mª CARMEN. Me voy contigo, y así vamos juntos en el mismo autobús. Adiós, mamaíta.

Dª MATILDE. Adiós, cariño.[22]

NOTAS

[1] *Los señores García, tíos*, 'Mr. and Mrs. García, uncle and aunt'. The masculine plural may include the feminine, hence *los hijos* may be 'children', 'sons' or 'son(s) and daughter(s)'.

[2] *un chalet*, 'a detached house'. Though the majority of town-dwellers in Spain live in flats, a growing number prefer a house with a garden in modern suburbs.

[3] *El bachillerato* is the name given to the seven-year course in a secondary school, the *elemental* and *superior* of which correspond to the English 'Ordinary' and 'Advanced' levels. The *Reválida* is the final school-leaving and University entrance examination. *El instituto* is the State Grammar School, *el colegio* the private secondary school.

[4] *hacer unas oposiciones*, 'to take a competitive examination for a post'. Professions in which vacancies are filled by competition include medicine and law, though these and some others may also be practised freely, without State appointment.

[5] *Nunca me decía que no*, 'he never said "no" to me'. Similarly: *Espero*

que sí, 'I hope so'; *Creo que no*, 'I think not'; *¡Que sí, hombre, que sí!* 'Of course, my dear fellow!'

[6] *le diste bastante la lata*, 'you were quite a nuisance to him'. A more refined expression of the same idea is *le molestaste*.

[7] *están . . . hacer*, 'have been empty since we had them built'. The Present Tense *están* is used as the circumstance still prevails. The construction *mandar hacer* is also noteworthy.

[8] *que no te hace mucha falta*, 'which you do not really need'.

[9] *subir allí una de las butacas*, 'to take one of the easy chairs up there'. *Subir* is here used transitively. Compare: *Acerque usted la silla*, 'Draw your chair up'; *Han bajado las maletas*, 'They have brought the suitcases down'.

[10] *cálido*, 'hot, warm'. Notice that we say *agua caliente*, 'hot (warm) water'; *un día caluroso*, 'a hot (warm) day'; *un clima cálido*, 'a hot (warm) climate'.

[11] *puede que sintiera frío*, 'he might feel cold'. The Subjunctive is required after an impersonal expression conveying possibility. The use of the Imperfect Subjunctive, contrary to the normal sequence of tenses, suggests a greater doubt in the mind of the speaker.

[12] *¿qué te parece como va marchando . . . ?* 'How do you like the way (it) is working . . . ?' An abbreviation, much used in conversation, for *¿Qué te parece la forma como . . . ?*

[13] *podía*, 'could, might'. The Imperfect Indicative is a simplification of *habríapodido*, 'might have'.

[14] *caerse a*, 'to fall into'. Similarly: *caerse al agua*, 'to fall into the water'. Notice the difference from *caer en el agua*, 'to fall (while one is) in the water'.

[15] *ten cuidadito*, 'be careful'. Diminutive suffixes are widely used in conversation. That in -*ito* nearly always suggests affection.

[16] *se echa encima la hora del instituto*, 'school time is getting very close'.

[17] *¡Es más bueno . . . !* 'He is so good'. *Más bueno* is occasionally used instead of *mejor*, when the intention is to emphasise the adjective. Compare: *Es más bueno que el pan*, 'He is goodness itself'.

[18] *lo suyo*, 'all that one can expect from him'. *Hacer de las suyas*, 'to be up to one's old tricks'; *los suyos*, 'his (her) folks'; *salirse con la suya*, 'to get one's own way'.

[19] *se me olvidó*, 'I forgot'. This construction is commonly used instead of *me olvidé de. . . .*

²⁰ *se te va a hacer tarde*, 'you are going to be late'. Literally: 'it is going to make itself late for you'.

²¹ *descuida*, 'don't worry, it's all right'. This verb is widely used as an alternative to *No te preocupes*.

²² *Adiós, cariño*, 'Goodbye, my dear'. Affectionate terms such as *querido(a)*, *pequeño(a)*, *mi bien*, and *niño(a)* are found in profusion. The intonation and choice of words suggest the shade of affection. The use of diminutives has previously been noted; for example *¿Tiene usted la bondad de esperar un momentito?* is much more affectionate than *Espere un momento, por favor*.

EJERCICIOS

1. *Cuestionario:*

¿Qué quiere decir 'un barrio residencial'?

¿Qué es el bachillerato?

¿Sabe usted distinguir entre una 'escuela', un 'instituto' y un 'colegio'?

¿Qué hace doña Matilde por la mañana?

¿Con qué motivo escribe Antonio?

¿Por qué tiene tanto interés Mª del Carmen en que venga Antonio?

¿Qué sabemos de Antonio por este pasaje?

¿Por qué no toma parte Manolito en la conversación?

¿Qué muebles van a poner en la habitación de arriba?

¿Por qué es necesario colocar allí la estufa eléctrica?

¿Qué sistema de calefacción le gusta más a usted?

¿Qué ventajas tiene la calefacción central?

¿Qué tal se porta Manolito?

¿Le parece a usted doña Matilde una buena madre?

¿Con qué motivo llamó Miguel?

¿Qué impresión tiene María del Carmen de los ingleses?

¿Qué interés tiene la familia en conocer a un inglés?

¿Qué aspecto de Inglaterra no le gusta a María del Carmen?

2. *Explíquense en español las siguientes palabras y expresiones:*

un químico; un laboratorio; el bachillerato; el instituto; la correspondencia; unas oposiciones; alojar; la pelota; el pinar; la primavera; la cuna; un armario empotrado; de sobra; el radiador; la calefacción central; un descuido; suspirar; la cuestión económica; su media lengua; un compromiso; una temporada.

3. *Fórmense frases originales empleando:*

cuidar de; por tanto; sacar unas oposiciones; decir que no; dar la lata; las habitaciones de arriba; mandar hacer; en cuanto a; prescindir de; hacer falta; subir; me vendría bien; a la vez; tener razón; estar fuera; se me olvidó; tener ganas de; hoy mismo.

4. *Redacción:*

(*a*) María del Carmen habla con una compañera de clase sobre las visitas que van a tener en casa.

(*b*) La carta de doña Matilde a Antonio.

(*c*) Cuente usted un día que haya pasado en el instituto.

Un molino de viento

6. *El cumpleaños de Susana*

El día del cumpleaños de Susana, Jack y Miguel, que han sido invitados a la reunión que se va a celebrar en su casa, se dirigen hacia ella. Como es la primera vez que Jack va a asistir a una fiesta de este tipo en España, por el camino va haciendo preguntas[1] a Miguel.

JACK. Me dijiste que hoy es el cumpleaños de Susana, ¿no es así?

MIGUEL. Sí, el cumpleaños; no lo confundas con la onomástica.

JACK. ¿Qué es eso?

MIGUEL. La onomástica es el día en que una persona celebra la festividad del santo cuyo nombre lleva; por ejemplo, si tú te llamases Juan, el 24 de junio, que es el día de San Juan, sería 'el día de tu santo'. La celebración es parecida a la del cumpleaños.

JACK. Por cierto, ¿qué debo decir a Susana para felicitarla?

MIGUEL. Dile, simplemente, 'feliz cumpleaños'. ¿Tienes ya el regalo que le vas a hacer?

JACK. No había pensado en eso. ¿Qué le llevas tú?

MIGUEL. Le he comprado[2] un disco de música clásica, que sé que le gusta. Claro que no es necesario que le hagas un regalo . . .

JACK. No, si yo quiero hacérselo;[3] es que no se me había ocurrido. ¿Estaría bien que le llevase unas flores?

MIGUEL. ¡No había de estarlo![4] Mira, aquí cerca hay una tienda de flores; vamos a tomar por esta calle, y la encontraremos a la vuelta de la esquina.

Los dos amigos entran en la florería, y Jack compra un hermoso ramo de claveles rojos. Después, siguen su camino.

MIGUEL. La casa de Susana queda[5] ya muy cerca . . . No, todavía no puedes cruzar la calle, Jack.

JACK. ¿Por qué, si no viene ningún coche?

MIGUEL. No importa. Fíjate allí enfrente: hay un semáforo para peatones, y hasta que la luz no esté verde no se puede cruzar, aunque no haya ningún tráfico en la calzada.

JACK. Yo creí que las luces de tráfico eran sólo para los vehículos.

MIGUEL. No, aquí hay luces para carruajes y luces para transeúntes. En otros sitios hay globos de luces amarillas, que se encienden y apagan continuamente, y ahí es donde puedes cruzar cuando no veas venir ningún coche.

JACK. Ya . . . Bueno, ¿y qué vamos a encontrar en casa de Susana?

MIGUEL. Un grupo de gente joven, quizás un poco bulliciosa y alborotadora, y desde luego muy alegre. Bailaremos un poco, charlaremos y merendaremos. Estoy seguro de que será una velada muy agradable y de que lo pasarás bien.

JACK. ¿De dónde sale esa música que se oye?

MIGUEL. Es la música de un organillo, y me imagino que lo veremos al doblar la esquina. Sí, ahí lo tienes;[6] como ves, el organillo tiene forma de piano, pero suena dando vueltas a un manubrio.[7] Cuando acabe la pieza, ese hombre pasará la gorra para recibir una propina de quien quiera dársela.[8]

JACK. ¿Y solamente suena esa música para alegrar la calle?

MIGUEL. Solamente. Es simpático, ¿verdad? En el siglo pasado y comienzos de éste había en Madrid muchos organillos, que formaban parte importante de la vida madrileña. Hace algunos años empezaron a extinguirse, pero últimamente el Ayuntamiento, accediendo a peticiones de muchas personas que los echaban de menos,[9] se ha preocupado de dar nuevo impulso a esa vieja costumbre, y ahí están otra vez los organillos. Bueno, ya hemos llegado a casa de Susana. (*Se dirige a la portería y habla con el portero*) Buenas tardes; ¿los señores Rodríguez?

PORTERO. Tercero centro derecha. El ascensor está al final del pasillo.[10]

MIGUEL. Muchas gracias.

Suben en el ascensor, y al llegar arriba llaman al timbre del piso de la familia de Susana. Julián sale a abrirles la puerta.

JULIÁN. Hola, muchachos. Pasad por aquí. Dadme los abrigos

El organillo

que[11] los lleve a otra habitación para quitarlos de en medio.
Susana vendrá en seguida; creo que anda por la cocina, dando
los últimos toques a la merienda. (*Se va con los abrigos*)

MIGUEL. Este Julián siempre tan jovial . . .

JACK. Qué ambiente tan agradable hay aquí, entre la música que
suena, las voces de esos chicos y chicas, las decoraciones . . .
Quienquiera que sea el que haya adornado estas salas, se nota
que tiene muy buen gusto.

MIGUEL. Habrá sido Julián.[12] Ya te dije que es un artista . . . Pero
ven, que te voy a presentar a algunos amigos. Buenas tardes,
Purita; ¿qué tal va esa vida?

PURITA. Estupendamente, chico. ¿Y qué tal sigues tú?

MIGUEL. De primera.[13] Te presento a mi amigo Jack, de quien
quizás hayas oído hablar. Jack, aquí[14] Purita, una compañera
de clase.

JACK. Mucho gusto, Purita.

PURITA. Encantada. Sí, ya había oído a Susana hablar de ti; dice
que te gusta mucho nuestro país.

JACK. Sí, cada día más. Hacía mucho tiempo que quería venir a
España,[15] y verdaderamente estoy disfrutando de mi visita.

PURITA. ¡Cuánto me alegro! A mí me interesa siempre saber la
impresión que reciben los extranjeros cuando nos visitan. ¿Qué
piensas tú de nuestra patria?

JACK. Sería bastante difícil resumir en pocas palabras todo lo que
pienso sobre España; además, ten en cuenta que muchas de mis
opiniones al respecto aún no están bien definidas, pues llevo
aquí muy poco tiempo.[16] Lo que sí puedo decirte es que me
parece un país muy interesante y que en él hay muchas cosas que
me gustaría llegar a conocer[17] bien.

PURITA. Sí, supongo que a ti te extrañarán, o al menos te resultarán
nuevas, muchas cosas a las que nosotros estamos acostumbrados,
tanto que apenas las notamos. Por eso te decía que yo siempre
pregunto a los extranjeros con los que me encuentro lo que
piensan de nosotros, como pueblo, y de España, como nación.
Creo que ellos pueden ayudarnos a los mismos españoles a

conocernos mejor y a averiguar cuáles son las diferencias entre nuestro país y los demás.

MIGUEL. Bueno, bueno. Todo eso está muy bien, pero ahí viene Susana, que es nuestra anfitriona,[18] y me parece que debemos ir a desearle felicidades en su cumpleaños.

JACK. Sí, vamos allá. Dispénsame, Purita. Luego continuaremos charlando, ¿eh?[19]

NOTAS

[1] *va haciendo preguntas*, 'he is questioning'. *Ir* is often used for *estar* with the *gerundio*, to suggest the progressive nature of the action. Other examples: *El chico va corriendo*, 'The boy is running'; *Va creciendo*, 'He is growing up'; *Ya voy entendiendo lo que dices*, 'I am getting to understand what you say'.

[2] *Le he comprado*, 'I have bought for her'. The dative may be used meaning either 'for' or 'from' according to the context.

[3] *si yo quiero hacérselo*, 'but of course I want to give her one'. *Si*, with or without the accent, is often used to emphasise a statement.

[4] *¡No había de estarlo!* 'Of course it would be all right!' *Lo* refers to the previous *bien*. *¡No voy a ir!* 'Of course I am going'. For the negative value of an affirmation, compare: *En mi vida he visto cosa igual*, 'I have never seen such a thing'.

[5] *queda*, 'is'. The verbs *quedar, ir, venir, resultar, verse, hallarse, encontrarse, presentarse*, are often used for *estar*, but add something of their own meaning to the expression.

[6] *ahí lo tienes*, 'there it is'. The verb *tener* is widely used in this way, in expressions like *Aquí tienes la sal*, 'Here is the salt'.

[7] *dando vueltas a un manubrio*, 'by turning (when one turns) a handle'. The Spanish *gerundio*, without a preposition, frequently expresses 'manner'. 'By' with a Present Participle may also be rendered by *mediante* and the noun corresponding to the verbal action, e.g. 'He got his degree by studying steadily', *Consiguió su título mediante el estudio constante*.

[8] *de quien quiera dársela*, 'from anyone who wishes to give him one'.

[9] *los echaban de menos*, 'missed them'. Other meanings of 'to miss' are expressed by *perder*, e.g. *perder el tren* (*el autobús*, etc.), and *faltar*, e.g. *faltan dos invitados*, 'two guests are missing'.

[10] *al final del pasillo*, 'at the end of the passage'. Other words for 'end' are *el fin*, 'the conclusion'; *el extremo* (physical: of a table, stick, etc.) and *la punta*, 'the tip, point'.

[11] *que = para que*, 'so that, in order that'. *Que* is also frequently used in the sense of *porque* and often when there is no English equivalent, e.g. *Es que me han dicho que vaya*, '(the fact is) I have been told to go'; *Date prisa, que vamos a llegar tarde*, 'Hurry up, we shall be late'; *Déjelo en mis manos, que yo sé lo que hago*, 'Leave it to me, I know what I am about'. See later: *que te voy a presentar*.

[12] *Habrá sido Julián*, 'It will have been (I expect it was) Julián'. The Future Tense is often used to suggest probability or supposition.

[13] *De primera*, i.e. *de primera clase*, 'first-rate'.

[14] *aquí*, 'this is'. The popular method of making informal introductions is to say simply *aquí . . . aquí . . .* together with the names of the people concerned.

[15] *Hacía . . . a España*, 'I had been wanting to come to Spain for a long time'. The Imperfect Tense is used in this idiom to indicate a period of time which lasted until a given point in the past (in this case, when in fact he came to Spain).

[16] *llevo aquí muy poco tiempo*, 'I have not been here very long'. The Present Tense suggests an incomplete period of time. Other examples of the use of *llevar*: *Llevo tres cursos de español*, 'I have been studying Spanish for three years'; *Llevamos dos años en Londres*, 'We have been in London (for) two years'.

[17] *llegar a conocer*, 'to get (come) to know'.

[18] *anfitriona*, 'hostess'. The masculine form is *el anfitrión*. Formerly, *huésped* (*-a*) was used for both 'guest' and 'host', but it is now limited to the former. 'Host' may also be rendered by *el ventero* (of a *venta*), *el posadero* (of a *posada*), *el patrón* (of a boarding house, or the owner, 'boss', of a boat, etc.). The Sacred Host is *la hostia*.

[19] The ejaculation *¿eh?* is the equivalent of 'shall we', etc., in expressions like *Vamos a empezar, ¿eh?* 'Let's start, shall we?' In colloquial speech, after a statement, it may imply irritation on the speaker's part: *De modo que no quiere pagar, ¿eh?* 'So he doesn't want to pay, doesn't he?' Compare the use of *¿no?* 'isn't it, don't you', etc. *Quieres vino, ¿no?* 'You want wine, don't you'; *Hace calor, ¿no?* 'It's hot, isn't it?'. The full expression is *¿no es verdad?*, which may also be shortened to *¿verdad?*

EJERCICIOS

1. *Cuestionario:*

¿Por qué hace preguntas Jack?
¿Qué es la onomástica?
¿Cómo se celebra la onomástica?
¿Por qué hacemos regalos a las personas en sus cumpleaños?
¿Qué desearía usted recibir como regalo de cumpleaños?
¿Qué flores le gustan a usted más?
¿Qué le parece a usted el sistema de luces para peatones de Madrid?
¿Por qué cree Miguel que la velada será agradable?
¿Qué es un organillo?
¿Recuerda usted haber visto alguna vez un organillo en Inglaterra?
¿Le gustaría a usted oir un organillo por las calles?
¿Por qué se dirige Miguel al portero?
¿Por qué no abre la puerta Susana?
¿Por qué se encuentra Jack tan feliz?
¿Cómo trata Jack de dar buena impresión?
¿Por qué quiere Purita saber las opiniones de Jack?
¿Tiene ella razón, en opinión de usted?

2. *Explíquense en español las siguientes palabras y expresiones:*

el día del cumpleaños; felicitar; un regalo; la florería; un peatón;
las luces de tráfico; bullicioso; una velada; un organillo; una propina; últimamente; el ascensor; el abrigo; los extranjeros; resumir;
averiguar; la anfitriona.

3. *Fórmense frases originales empleando:*

asistir a; por el camino; hacer preguntas; se me ocurre; ¿estaría
bien . . . ?; tomar por; seguir su camino; doblar la esquina; dar
vueltas; echar de menos; dar los últimos toques; se nota que;
disfrutar de; tener en cuenta; extrañar.

4. *Redacción:*

(*a*) Usted explica a un amigo que nunca las ha visto el funciona-
miento de las luces de tráfico.
(*b*) La conversación que sostienen Susana, Miguel y Jack.
(*c*) Continúe usted la conversación entre Jack y Purita.

7. Charla entre vecinos

En su casa de la Ciudad Jardín, don José García se encuentra regando las flores del jardín. Mientras tanto, el pequeño Manolito juega a su alrededor y doña Matilde repasa[1] la ropa sentada debajo de un árbol. Don José ve al otro lado de la tapia[2] a su vecino el señor Pérez, que también está cuidando el jardín, y habla con él.[3]

DON JOSÉ. ¡Buenas tardes, Sr. Pérez!

SR. PÉREZ. ¡Mi querido vecino, muy buenas tardes! ¿Qué tal sigue usted?

DON JOSÉ. Muy bien, muchas gracias. Aquí me tiene usted regando el jardín. Hace tantos días que no llueve,[4] que las pobres plantas necesitan agua para no secarse.

SR. PÉREZ. Sí, tiene usted razón. A mí me parece que como siga mucho tiempo[5] sin llover, las cosechas se van a resentir; y, lo que no es menos importante, los pantanos se quedarán vacíos y correremos el peligro de tener otra vez restricciones.[6]

DON JOSÉ. Eso es lo que más me fastidia, las restricciones. Pues como estamos electrificando poco a poco todos los utensilios domésticos, en cuanto nos quedamos sin luz no sabemos cómo arreglárnoslas.[7] La semana pasada terminaron de instalarnos la cocina eléctrica; ya tenemos casi todo lo que nos hace falta: máquina de lavar, nevera y aspiradora, junto con la nueva cocina. ¡Pero dígame usted de qué nos sirve todo esto si vuelve a haber restricciones![8]

SR. PÉREZ. Ya ve usted, mi mujer,[9] en cambio, dice que no quiere ni oir hablar de cocinas eléctricas; dice que la cocina de carbón calienta mejor la casa en invierno, mientras que la otra no da fuego más que a la olla, pero deja la casa sin calor. Y como en verano, cuando estamos aquí, contamos con el infiernillo de gas . . . Me parece que esta mujer mía está hecha un poco a la antigua . . .[10]

DON JOSÉ. Yo creo que su esposa tiene razón, Sr. Pérez; pues su casa es mucho más reciente que la nuestra, y ya sabe usted que las casas nuevas tienen las paredes húmedas y necesitan algún tiempo para secarse del todo y guardar mejor el calor de la calefacción; por esto, la cocina de carbón seguramente ayudará a hacer la casa más confortable.

SR. PÉREZ. Si mi mujer me dejara empapelar la casa . . . Pero nada, no hay quien la convenza.

DON JOSÉ. ¿Empapelar la casa? En mi vida[11] he oído hablar de eso.

SR. PÉREZ. Sí, quiero decir cubrir las paredes de papel, a fin de que no se note el frío que emana de ellas.

DON JOSÉ. Pero, ¿no le parece a usted que eso haría que en verano la casa estuviese demasiado cálida?

SR. PÉREZ. Sí, ahora que caigo[12] . . . Puede que tenga usted razón, no había pensado en eso.

DON JOSÉ. Yo creo que precisamente una de las mayores ventajas de vivir aquí, en las afueras de Madrid, estriba en que durante el verano no hace tanto calor como en el centro, donde la atmósfera está mucho más cargada.

SR. PÉREZ. Sí, eso es cierto. No hay más que ver[13] la cantidad de gente que se viene[14] por aquí, a la caída de la tarde, durante los meses de estío, solamente por merendar al fresco.

DOÑA MATILDE. José, me voy hacia dentro,[15] para ir preparando las cosas. María del Carmen llegará de un momento a otro del instituto, y he de prepararle la merienda. Además, no te olvides que[16] dentro de un rato vendrán esos chicos, y debes cambiarte antes de que lleguen. Buenas tardes, Sr. Pérez; recuerdos a su esposa. Vamos, Manolito.

SR. PÉREZ. Buenas tardes, señora; se los daré de su parte.

DON JOSÉ. Hay que ver[17] lo rápidamente que[18] ha crecido este barrio de Madrid. Cuando nosotros construimos esta casita, hace algunos años, todos estos alrededores eran campo abierto, estaban completamente despoblados; y en cambio ahora hay casas por todos lados, y aun se extienden hasta bastante lejos.

SR. PÉREZ. Sin embargo, todavía se tiene la impresión de vivir en el campo, alejado de los ruidos de la ciudad. A mí me encanta[19] vivir aquí. Lo que temo es que de continuar[20] el mismo ritmo de crecimiento, antes de que seamos muy viejos nos encontraremos con que estamos viviendo otra vez en el centro de Madrid, sin habernos movido.[21] Pues no me cabe duda de que toda esta parte continuará creciendo más, conforme vaya habiendo[22] mejores medios de comunicación; éste es todavía el mayor inconveniente de vivir aquí, que se tarda bastante en llegar a la Gran Vía o a cualquier otra parte del centro de Madrid.

DON JOSÉ. Ahora van a poner una nueva línea de autobuses hasta cerca de la Puerta del Sol, según he leído en el *ABC*. Será estupendo, ¿no cree usted?

SR. PÉREZ. ¿De veras la van a poner? ¡Y tanto que será estupendo![23]

DON JOSÉ. Desde hace algún tiempo a esta parte,[24] la gente ha ido convenciéndose poco a poco de que es mejor vivir en los alrededores que en el centro; el casco urbano de Madrid se va abriendo cada vez más hacia las afueras. Yo lo comprendo perfectamente; a mí el centro me ahoga: ruidos por doquier,[25] humo de coches y de autobuses, pitidos de los guardias de circulación . . . A la larga, vivir en el centro es nocivo para los nervios, créame usted.

SR. PÉREZ. Le creo, le creo. Ésa es también la razón por la que mi familia y yo nos vinimos a vivir aquí.

DON JOSÉ. Bueno, ¿y qué tal siguen sus flores, señor Pérez? Supongo que usted, siempre tan aficionado a ellas, estará ahora muy atareado[26] plantando las nuevas. Pues ésta es la época del año más indicada para ello, ¿verdad?

SR. PÉREZ. Sí, así es. En estos días estoy tan entusiasmado con mi labor, que cuando estoy en la oficina estoy mirando continuamente el reloj,[27] deseando que llegue la hora de dejar el trabajo, para volver a casa y ponerme a trabajar en mis cultivos. Las flores son mi afición favorita. Si pudiera, no haría otra cosa más que trabajar todo el día en ellas.

DON JOSÉ. Según he visto yo otras veces, consigue usted unos resultados muy buenos.

SR. PÉREZ. Este año voy a intentar un nuevo método; en vez de cultivar todas las flores juntas, voy a dividir el jardín en parcelas, dedicando cada una a un tipo distinto de flores; de esta forma, tendré en una parte los pensamientos, en otra los claveles, aquí los lirios, allí las azucenas . . .

DON JOSÉ. Le deseo que tenga usted el máximo éxito. Ahora me perdonará usted, pero he de dejarle; esperamos a unos visitantes, y aún he de cambiarme de ropa.[28] Hasta la vista, señor Pérez.

SR. PÉREZ. Adiós, señor García.

NOTAS

[1] *repasa*, 'is mending'. *Repasar*, 'to look over, revise', includes both the examination and mending of clothes. Compare *repasar las lecciones*.

[2] *La tapia* is 'the garden wall'; *la pared*, the interior wall of a house; *el muro*, the outside wall. *La muralla* is the fortified wall, and *el tabique* the partition wall (limited to one storey).

[3] *Hablar con* is used when people speak on terms of equality, *hablar a* when one speaks to a person of inferior status.

[4] The Present Tense is used to indicate that it has still not rained.

[5] *como siga mucho tiempo*, 'if it goes on long'. As distinct from the Indicative *si sigue*, 'if it continues', this use of the Subjunctive by Sr. Pérez conveys his fear of the possibility or probability of a continuance of the rainless period and its consequences.

[6] The reference is to the power-cuts sometimes caused in Madrid by a very dry summer, with the consequent diminution of water in the hydro-electric dams (*los embalses*).

[7] *cómo arreglárnoslas*, 'how to manage (things)'. This is what is called the 'neuter feminine'; it is also seen in *No me vengas con ésas*, 'Don't come to me with such tales'; *¡La de libros que ha traído Luis!* 'What a lot of books Luis has brought!'; *Estos chicos están siempre haciendo de las suyas*, 'These boys are always up to their tricks'; *No le digas nada a papá, que ya sabes cómo las gasta*, 'Don't say anything to daddy, you know how he carries on'; *Esa mujer siempre se sale con la suya*, 'That woman always gets her own way'.

[8] *si vuelve a haber restricciones*, 'if there are cuts again'. *Volver a* with Infinitive indicates repetition of the action. In this case, *vuelve* is singular as it is used with the impersonal verb 'to be', *haber*.

[9] *mi mujer,* 'my wife'. *Señora* or *esposa* are used in more polite speech.

[10] *está hecha un poco a la antigua,* 'she is a bit old-fashioned'.

[11] *En mi vida,* 'Never in my life'. See Conversation 6, note 4.

[12] *ahora que caigo,* 'now I think of it'. An associated use of *caer* is *Caigo en la cuenta,* 'I realise'.

[13] *No hay más que ver,* 'You have only to see, Just think of . . . !' This is elliptical for *No hay más que hacer que ver . . .*

[14] *gente que se viene.* The frequency of the reflexive in Spanish leads to its colloquial use at times when it is unnecessary grammatically, but it adds vigour to a phrase.

[15] *me voy hacia dentro,* 'I am going in(doors)'. *A dentro* (which may also be written *adentro*) is also used with verbs of motion, whereas *dentro* is static: *Voy adentro,* 'I am going in'; *Está dentro,* 'He is indoors'. Note also *dentro de un año,* 'in a year's time'.

[16] *no te olvides que,* 'don't forget that . . . ' In literary style, *de que* is required. The omission of *de* often occurs in conversation, e.g. *Estoy seguro (de) que,* 'I am sure that'; *Vale la pena (de) ir,* 'It is worth while going'; *Me doy cuenta (de) que,* 'I realise that'.

[17] *Hay que ver,* 'One must see' (in order to believe), hence 'It is surprising'.

[18] *lo rápidamente que,* 'how quickly'. English 'how', followed by an adjective or adverb and a finite verb, is rendered by *lo,* e.g. *Ya sabemos lo fácil que es,* 'We know how easy it is'. The adjective agrees with its noun: *No podéis imaginaros lo malos que son estos chicos,* 'You can't imagine how naughty these boys are'.

[19] *A mí me encanta,* 'I am delighted'. The prepositional pronoun is emphatic here. Similarly: *A ti no te gusta,* '**You** don't like'; *A nosotros nos agrada,* '**We** are pleased'.

[20] *de continuar,* 'if (it) continues'. *De* + infinitive often replaces an 'if' clause, generally implying negation.

[21] *sin habernos movido,* 'without our moving'. *Mover* may indicate any kind of movement, whereas *trasladarse* may mean only 'to move from one place to another' (on a journey, moving house, etc.).

[22] *conforme vaya habiendo,* 'as there are developed . . . ' Other examples in this Conversation of *ir* used as an auxiliary to suggest progression are *La gente ha ido convenciéndose* and *Se va abriendo.*

[23] *¡Y tanto que será estupendo!* 'How wonderful that will be!' He means *¡Qué estupendo será eso!*

24 *Desde hace algún tiempo a esta parte*, 'For some time past'. *A esta parte* corresponds with 'to date'.

25 *ruidos por doquier*, 'noise everywhere'. *Doquier* is an abbreviation of *donde quiera*.

26 *atareado*, 'overwhelmed with work, extremely busy'. Compare: *ocupado*, simply 'busy'.

27 *mirando el reloj*, 'watching the clock'. *Mirando al reloj* would mean 'looking at my watch'. *Mirar* means 'to examine, to look carefully at, to scrutinise', whereas *mirar a* is 'to look at (in the direction of)'.

28 *he de cambiarme de ropa*, 'I must change (my clothes)'. Note that *mudarse de ropa* is 'to change one's underclothing'. 'A change of underclothing' is *una muda*.

EJERCICIOS

1. *Cuestionario:*

¿Qué es la Ciudad Jardín?
¿Por qué se llama así?
¿Por qué está don José regando el jardín?
¿Cuáles son las consecuencias de las sequías en Madrid?
¿Cómo guisa la madre de usted?
¿Y cómo se calienta su casa?
¿Qué prefiere usted, la calefacción central o el fuego de carbón?
¿Prefiere usted las paredes empapeladas o pintadas?
¿Por qué no hace tanto calor en las afueras como en el centro?
¿A qué chicos se refiere doña Matilde?
¿Qué desventaja tiene vivir en la Ciudad Jardín?
¿Qué solución se ha propuesto?
¿Qué es el *ABC*?
¿Tiene razón don José al afirmar que vivir en el centro es nocivo?
¿Sabe mucho el Sr. Pérez acerca del cultivo de las flores?
¿Preferiría usted cultivar flores o legumbres en su jardín?
¿Por qué va don José a cambiarse de ropa?

2. *Explíquense en español las siguientes palabras y expresiones:*

un jardín; un pantano; una tapia; regar; repasar la ropa; una cocina eléctrica; la nevera; la aspiradora; ahora que caigo; la caída de la tarde; el estío; recuerdos a su esposa; despoblado; de veras; el casco urbano; a la larga; conseguir; la parcela.

3. *Fórmense frases originales empleando:*

hablar con; hablar a; tener razón; fastidiarle a uno; en cuanto; nos hace falta; volver a; en cambio; contar con; estar hecho un poco a la antigua; no hay más que; al fresco; de un momento a otro; dentro de un rato; de mi parte; me encanta; no me cabe duda; el mayor inconveniente; según he leído; mudarse de ropa.

4. *Redacción:*

(*a*) Discutir las ventajas de vivir en el centro o en las afueras de una ciudad.

(*b*) Los diversos modos de calentar una casa.

(*c*) Al entrar don José en casa, su esposa empieza a reprenderle por perder tanto tiempo charlando. Escribir la conversación.

Las castañuelas

8. *Hablando de viajes*

MIGUEL. Tengo una idea, Jack. ¿Quieres que hagamos una excursión el próximo fin de semana, fuera de Madrid?

JACK. Muy bien; pero, ¿a dónde iríamos?

MIGUEL. Hay sitios muy interesantes alrededor de Madrid. Claro que,[1] ahora que pienso, no todos son apropiados para ir allá en invierno. Es que depende de la época del año, ¿sabes?[2] En verano todo el mundo va a pasar los domingos a la sierra.[3]

JACK. Yo creía que en verano los madrileños salían de Madrid para irse mucho más lejos, a la playa.

MIGUEL. No, mucha gente veranea[4] en la sierra, porque está más cerca y es más económico.

JACK. Ahora estamos en pleno[5] invierno, y en la sierra hará mucho frío.

MIGUEL. Sí, ya sé.[6] Por eso te decía que no podíamos ir a cualquier sitio. Aunque, no creas,[7] también hay lugares muy agradables para pasar un par de días, en esta época del año. ¡Ah! Pero, ¿cómo no se me había ocurrido antes? Lo más interesante sería visitar El Escorial.

JACK. ¡Hombre, sí! Yo he oído hablar mucho[8] de ese sitio. ¿Lo conoces tú?

MIGUEL. Sí, he estado allí varias veces. Lo más interesante es el Monasterio, que se llama San Lorenzo de El Escorial,[9] en recuerdo del mártir San Lorenzo. El edificio tiene forma de parrilla, con cuatro torres en las esquinas, que terminan en agujas; fue construido así porque San Lorenzo fue asado vivo en una parrilla.

JACK. ¿No fue mandado construir por Felipe II?[10]

MIGUEL. Eso es. Como sabrás,[11] él mismo habitó allí una gran parte de su vida. A pesar de ser un rey poderosísimo, sus habitaciones eran muy humildes y la ornamentación muy sobria y austera; su dormitorio está al lado de la capilla, de forma que desde la cama podía oir misa, pues padecía una enfermedad llamada la gota: aún se conserva la silla donde ponía la pierna dolorida al sentarse.

JACK. Entonces, ¿qué te parece si vamos a pasar allí un par de días? ¿O sería mejor ir y volver en el día?

MIGUEL. Como tú quieras. En realidad, el Monasterio podemos visitarlo en un solo día. A propósito, una de las cosas más curiosas que allí hay es una habitación en la que, a causa de las características especiales de la bóveda, si se colocan dos personas en rincones opuestos, pueden hablar en un susurro y se oyen fácilmente, mientras que otra persona situada en el centro no oye nada.

JACK. ¡Hombre, eso también ocurre en la catedral de San Pablo, de Londres! ¿En qué quedamos, pues?[12] ¿Pasamos allí todo el fin de semana o nada más que el domingo?[13]

MIGUEL. Yo creo que sería mejor pasar allí dos días, y así tendríamos tiempo de verlo todo con tranquilidad. No sé si hará falta, pues es un sitio muy cercano,[14] pero por si acaso voy a telefonear a la RENFE[15] para reservar los billetes, y para enterarme del horario[16] de los trenes, pues a lo mejor[17] por ser domingo es uno especial.

Miguel hace la llamada telefónica, y después él y Jack van de visita a casa de los García;[18] al llegar, ven que éstos se hallan en el jardín, sentados en sillones de mimbre, a la sombra de los árboles. Con ellos está Antonio, el joven andaluz a quien esperaban, que ha llegado por la mañana y va a pasar en Madrid una corta temporada;[19] Miguel hace todas las presentaciones, y después se disponen a merendar en el jardín.

Dª MATILDE. Supongo que no os importará que sirva la merienda aquí mismo, ¿verdad?

MIGUEL. Al contrario, tita;[20] aquí hace una temperatura deliciosa.

DON JOSÉ. Nosotros, cuando hace buen tiempo, siempre estamos en el jardín, e incluso tomamos en él las comidas.

JACK. Una cosa que me sorprende es que no hay hierba en este jardín. ¿Es que a usted no le gusta la hierba?

DON JOSÉ. Me gusta, pero para conseguir un buen césped tendría que cultivarlo y dedicarle grandes cuidados. Aparte de esto, es que prefiero tener árboles y plantas pequeñas, y algunas flores que den cierta belleza al jardín.

ANTONIO. Yo creo que todo eso depende del clima. Según tengo entendido,[21] el clima de tu país, Jack, es mucho más húmedo que el nuestro, y por eso la vegetación nace espontáneamente y podéis tener hierba en los jardines, aunque nadie se cuide de favorecerla por medios artificiales; en Madrid no se puede contar con la cantidad de lluvia necesaria. Y en el sur, donde yo vivo, siendo un clima mucho más seco, muy pocas casas tienen jardín. Lo que la mayoría de ellas tienen es patio, generalmente embaldosado y con una fuentecita en medio, a fin de conservar el ambiente más fresco; además, el patio no suele estar detrás de la casa, sino dentro de ella y descubierto, de forma que en verano se pueda[22] tapar con un toldo y así circule el aire, pero no entre el sol.

MIGUEL. Me alegro de que salga la conversación sobre tu tierra, Antonio, pues Jack tiene mucho interés por Andalucía y seguramente querrá preguntarte algunas cosas.

JACK. ¿Cómo son los andaluces?

ANTONIO. Son una gente simpatiquísima:[23] siempre están alegres,[24] dispuestos a recibir a todo el mundo con los brazos abiertos, carentes en absoluto de reserva. Quizás esto sea influencia del clima, que es el más benigno de toda España; la mayoría de los días son en Andalucía soleados y alegres, incluso en pleno invierno.

JACK. ¿Es cierto que en Andalucía hace un calor excesivo?

MIGUEL. Solamente en verano, y no en todas sus ciudades. Desde luego, lo que apenas hay es invierno. Puede decirse que en Andalucía existe una primavera continua desde octubre hasta mayo, y cuatro meses de verano. Claro que yo no quiero decir que nunca haga frío en absoluto;[25] también hay temporadas de intenso frío, pero son excepcionales.

JACK. ¿Y qué ciudades son las más importantes?

ANTONIO. Por el número de habitantes, las más importantes son Sevilla, Granada y Córdoba; ésas son las que suelen atraer el interés de los turistas que no tienen tiempo de[26] visitarlo todo. En las tres, como en toda Andalucía, existe una marcada huella del tiempo en que las ocuparon los moros, pero donde esta huella se manifiesta más es en Granada,[27] al pie de Sierra Nevada; seguramente habrás oído hablar de la Alhambra y el Generalife,[28] ambos construidos por los musulmanes. Sevilla tiene dos cosas que muestran mejor que ninguna otra el espíritu andaluz: la célebre Feria de abril, y la Semana Santa. Córdoba es una ciudad más pequeña; entre sus monumentos artísticos el más famoso es la Mezquita, hoy convertida en catedral.

JACK. De veras que parece interesante.

ANTONIO. Se me ocurre una cosa: ¿quieres venir a pasar las próximas Navidades en mi casa, con mi familia? Para entonces[29] yo ya estaré en Sevilla, de vuelta, y de esta forma tendrías ocasión de conocer parte de Andalucía.

JACK. Es muy amable por tu parte,[30] Antonio, pero no sé si debo aceptar la invitación.

ANTONIO. Nada, nada. Es cosa hecha.[31] Nos pondremos de acuerdo sobre la fecha, y como yo me iré a Sevilla antes, arreglaré lo necesario para que tengas una estancia[32] agradable en mi tierra.

NOTAS

[1] *Claro que*, 'Of course'. A colloquial abbreviation of *claro está que*.

[2] *¿sabes?* 'you see?' We already know that 'I see' is *Ya*.

[3] Notice the preposition. The verb *ir* requires *a* both before a following infinitive and the place of destination.

[4] *veranea*, 'spend the summer holidays'. The heat in the centre and south of Spain causes families who can afford it to go either to the mountains or to the coast for at least July and August. In many cases the husband remains in the town to carry on business, and joins his family for weekends.

[5] *en pleno invierno*, 'in the middle of winter'. Other common expressions with *pleno* are *en plena luz del día*, 'in broad daylight'; *en plena juventud*, 'in the flower of youth'.

[6] *Ya sé*, 'I know'. The object pronoun *lo*, called for grammatically with a transitive verb when there is no other object, is often omitted in conversation.

[7] *no creas = no creas otra cosa*, 'don't believe otherwise'. It could be rendered here by 'but never mind'.

[8] *he oído hablar mucho*, 'I have heard a lot of'. *Oír hablar de* is 'to hear (tell) of'. The English Present Participle following a verb of perception is often rendered by an Infinitive in Spanish: *La oí cantar*, 'I heard her singing' (though the *gerundio* may be used, especially when the two verbs are separated: *Oí a la niña cantando*). 'To hear from' is *tener noticias de*.

[9] *de El Escorial*, 'of El Escorial'. Elision of *de* and *el* does not take place when the article is part of a proper noun, or of the title of, for example, a play or novel.

El Escorial, or the royal monastery of San Lorenzo de El Escorial, is situated 31 miles to the north-west of Madrid. It was built and given to the Order of Saint Jerome by Philip II, as a thanksgiving for the Spanish victory over the French at St. Quentin (*San Quintín*) on St. Lawrence's Day, 1554.

[10] *Felipe II*. Charles I of Spain (better known as Charles V, Emperor of the Holy Roman Empire) abdicated in 1556. He divided his empire, leaving the Austrian branch to his brother Ferdinand and the remainder to his son Philip II of Spain.

[11] *como sabrás*, 'as I expect you know'. See Conversation 6, note 12.

[12] *¿En qué quedamos, pues?* 'What shall we do, then?' 'What shall we decide?' See Conversation 9, note 9, and Conversation 6, note 5.

[13] *nada más que el domingo*, 'only Sunday'. This is a variant of *no más que*.

[14] *Cercano* is an adjective, while *cerca* is an adverb. *Una taberna cercana*, 'a near-by tavern'; *Mi casa está cerca*, 'My house is near'.

[15] *La RENFE*, the Spanish National Railways. The word is an abbreviation of *Red Nacional de Ferrocarriles Españoles*.

[16] *un horario especial*, 'a special time-table'. *El horario* may also be the 'hour hand' of a watch or clock, while the 'minute hand' is *el minutero*. 'Hand' alone in this context is *la manecilla*.

[17] *a lo mejor*, 'probably'. This expression is widely used in conversation

and may also mean 'perhaps': *A lo mejor se muere*, 'Perhaps he will die'.

[18] *los García*, i.e. *la familia García* or *los señores García*. Note that there is no plural form of the surname.

[19] *una corta temporada*, 'a short while', 'a spell'. *Temporada* may also be 'the season' in football, the bullfight, etc. It refers to a longer period than *un rato*.

[20] *tita* is an affectionate diminutive of *tía*. Similarly *tito*, from *tío*. Besides 'aunt' and 'uncle', *tía* and *tío* may mean 'old lady', 'old man'. They are also sometimes used derogatively as 'coarse woman', 'fellow', 'guy', 'bloke'.

[21] *Según tengo entendido*, 'As I understand it'. *Tengo entendido que irá a España*, 'I understand he will go to Spain'. *Tener algo acabado* is 'to have finished something'.

[22] *de forma que se pueda*, 'so that one may'. The Subjunctive *pueda*, *circule* and *entre* suggest possibility; the Indicative would be equally correct but would present the actions as a fact.

[23] *simpatiquísima*, 'extremely pleasant'. The *-ísimo* suffix is the absolute superlative, like the English 'most', used when no real comparison is intended. The relative superlative is *el más simpático de todos*, 'the most pleasant of all'. See Conversation 4, note 11.

[24] *siempre están alegres*, 'they are always cheerful'. *Alegre* is one of many adjectives, such as *triste, melancólico, risueño*, etc., which when used with *ser* refer to the nature or character of a person. *Siempre* is then redundant. With *estar*, the reference is to an accidental circumstance at a given moment; if the reaction of the individual is always the same, *siempre* may be used with *estar*.

[25] *no quiero decir que nunca haga frío en absoluto*, 'I don't mean it is never cold at all'. The Subjunctive is used in subordinate noun clauses after certain verbs (of which *decir* is one) used negatively.

[26] *no tienen tiempo de*, 'have no time to'. *Para* could also be used.

[27] *es en Granada*. The verb *ser* is used impersonally. Other examples are *es allí donde*, 'it is there that'; *fue entonces cuando*, 'it was then that'.

[28] *La Alhambra* is a Moorish fortress, begun in the thirteenth century, which dominates Granada. It was used as a royal palace until the conquest of Granada in 1492. It is still in a remarkable state of preservation and is a gem of Moorish architecture with its towers

(*Torre de la Cautiva, Torre del Homenaje, Torre de la Vela*, etc.)
and courtyards (*Patio de los Leones, Patio de los Arrayanes*, etc.).
El Generalife is the summer palace of the Moorish rulers, also in
Granada. It is surrounded by luxurious flower-gardens, fountains
and trees.
The *Feria de abril*, 'The April Fair' and *Semana Santa*, 'Holy
Week', are also mentioned in Conversation 15.

[29] *Para entonces*, 'By then'. *Por entonces* means 'about that time'.

[30] *Es muy amable por tu parte*, 'It is very kind of you'. *Es usted muy
amable*, 'You are very kind'.

[31] *Es cosa hecha*, 'That's settled'.

[32] *una estancia*, 'a stay'. This word is also used in South America meaning 'a ranch', 'a farm'.

EJERCICIOS

1. *Cuestionario :*

¿Por qué van los madrileños a la sierra en verano?
¿Por qué veranea mucha gente en la sierra y no en la playa?
¿Qué atracciones tiene la sierra en invierno?
¿Qué es El Escorial?
¿Con quién se casó Felipe II?
¿Qué batalla naval se asocia con él?
¿Con qué motivo hizo construir Felipe II El Escorial?
¿Por qué habrá un horario especial los domingos?
¿Con qué motivo está Antonio en Madrid?
¿Por qué meriendan en el jardín?
¿Por qué no hay césped en el jardín de don José?
¿Por qué tutea Antonio a Jack?
¿Por qué habla don José de usted a Jack?
¿Cómo son las casas andaluzas?
¿Qué impresión de Andalucía tenemos normalmente los ingleses?
¿Cómo es el clima de Andalucía?
¿Qué ciudades andaluzas le gustaría a usted visitar?
¿Qué buen resultado tiene la visita para el inglés?

2. *Explíquense en español las siguientes palabras y expresiones:*

apropiado; los madrileños; la playa; veranear; un mártir; una parrilla; la misa; la bóveda; un turista; la RENFE; el horario; los García; una temporada; merendar; embaldosado; carentes de reserva; soleados; la huella; los musulmanes; arreglar; una estancia.

3. *Fórmense frases originales empleando:*

un fin de semana; esta época del año; oir hablar; un par de días; a propósito; me gustaría; un sillón de mimbre; a la sombra; hacer las presentaciones; no me importa; lo que me sorprende es; tengo entendido que; hacer un viaje; en pleno invierno; no tengo tiempo de; estar de vuelta.

4. *Redacción:*

(*a*) Discútanse las ventajas de unas vacaciones en el campo y en la playa.

(*b*) El mejor modo de pasar un fin de semana en Inglaterra.

(*c*) Escríbase un ensayo sobre Andalucía, según lo que sabe usted de ella por esta lección.

(*d*) Haga usted una descripción del jardín de su casa, y diga en qué ocasiones suele usted o su familia pasar ratos en él.

La bota

9. *Un suceso del instituto*

La Sra. García[1] está en su casa con su hijo pequeño, Manolito, preparando la merienda para su hija María del Carmen, que debe llegar de un momento a otro del instituto. Pero el tiempo va pasando sin que su hija llegue, y la buena señora comienza a inquietarse.

SRA. GARCÍA. ¿Qué le habrá pasado[2] a esta chica? Ella que nunca se retrasa[3] . . . (*Consulta el reloj*) Van a dar las siete; ya hace media hora que debía haber llegado . . . Y tú estáte quieto,[4] Manolito, y no revuelvas. Anda, siéntate en tu sillita y entreténte con tus juguetes.

MANOLITO. Mamá, en esta silla no *cabo* bien . . .

SRA. Gª. Se dice *quepo*[5] . . . Pues si no cabes, siéntate donde te dé la gana, pero pórtate bien, sin enredar. (*Para sus adentros*) Esta chica . . .

Por fin, a los pocos minutos, María del Carmen entra corriendo de la calle.

SRA. Gª. Vaya, menos mal[6] que ya estás aquí; ¿qué horas de venir son éstas? Habrás salido del instituto a las 6, como todos los días . . .

Mª CARMEN. No, es que[7] . . . Pues verás . . . es que hoy hemos salido media hora más tarde.

SRA. Gª. Pero por algo habrá sido, ¿no? Habla claro y cuéntame lo que ha pasado.

Mª CARMEN. Pues no ha pasado casi nada. Es que la profesora de latín es una antipática y tiene muy mal genio.

SRA. Gª. No empieces a hablar mal de tus profesores[8] y dime lo que ha sido.

Mª CARMEN. Ya te digo que no es nada de particular. Es que una niña de mi curso tiene un gato monísimo, casi recién nacido, y esta mañana lo llevó al instituto. Fue de risa, mamá; lo metimos

C

en un pupitre y se quedó dormido[9] en cuanto le dimos el biberón·
Tuvimos que poner un libro sujetando la tapa del pupitre, para
que el pobrecito pudiera respirar. Y durante las dos primeras
clases se portó estupendamente. La tercera clase era la de latín...

SRA. Gª. Y el latín ya no le gustaba al gato, ¿no es eso?

Mª CARMEN. El latín no le puede gustar a nadie . . . Pues verás: el
caso es que la profesora estaba explicando la lección, y todos los
alumnos escuchando en silencio, y en esto se oyó: '¡miau!', primero muy bajito, pero luego cada vez más alto.[10] La profesora se
creyó[11] que era uno de nosotros, y se puso muy seria y preguntó
quién había sido. Nosotros no podíamos contener la risa, y el
gatito chillaba cada vez más . . . ¡Qué juerga, mamá! No puedes
figurarte . . .

SRA. Gª. Lo que me figuro es la cara de la profesora al ver que
tenía un intruso tal en la clase.

Mª CARMEN. Cogió al gatito por el pescuezo y lo sacó del pupitre
pataleando. A nosotros nos dio mucha lástima, pues por muy
enfadada que estuviera[12] la señorita no tenía que pagarlas con el
gato,[13] pues después de todo no era culpa del pobrecillo. Pero
lo peor vino después, cuando la profesora quiso averiguar quién
había llevado el gato y, claro, nadie quería decirlo. Hasta que
por fin decidió dejarnos a todos castigados después de la hora
de salida. ¡Y además se llevó el gato, mamá!

SRA. Gª. Vosotros siempre haciendo chiquilladas . . . Bueno, ya veo
que no es nada de importancia. La cosa es que ya estás aquí y
que yo estoy ya tranquila, pues me tenías preocupada, pensando
que te hubiera pasado algo por el camino. Ahora vamos a merendar, que tu hermano hace rato que me está pidiendo[14] la merienda
con su media lengua.

Mª CARMEN. Yo también tengo ya hambre; después de tantos
apuros. . . . Hoy ha sido un día terrible; los lunes, miércoles y
viernes tenemos las clases más antipáticas. Y casi todo seguido,
sin tiempo para descansar; cuando vengo a casa a la una para
almorzar es un ajetreo tremendo, pues los autobuses van de bote
en bote; y a las tres, cuando vuelvo al instituto, igual.

La familia García en casa

SRA. Gª. Por eso dice tu padre que sería mejor que te quedases allí a comer. Claro que el inconveniente es que las comidas del instituto . . .

Mª CARMEN. No, mamá, si yo prefiero[15] venir a comer con vosotros. Lo único que digo es que es mucho trabajo el que tengo. Ya ves, ahora me tengo que poner a hacer los deberes, en cuanto termine de merendar. Pero del viaje a casa a mediodía no me quejo; claro que los autobuses podían ir menos atestados . . .

SRA. Gª. Ahora juega un poco con tu hermanito, que está dando mucha guerra[16] y yo tengo que ponerme a hacer la cena. Tu padre regresará pronto de su trabajo y yo también quiero tener un rato libre para sentarme a su lado y charlar con él.

Mª CARMEN (*A su hermanito*). Tú sí que tienes suerte, Manolito, sin tener que ir a clase y con todo el día libre para jugar. ¡Fíjate,[17] mamá, cómo se ha puesto la cara de chocolate! ¡Y qué manos! No me las vayas a poner en el vestido, ¿eh? Mamá, yo prefiero hacer ahora los deberes, para tenerlos acabados cuando venga papá, y así podré contarle lo que ha pasado hoy en mi clase con pelos y señales.[18]

SRA. Gª. Bueno, pues vete a tu cuarto y así estarás más tranquila.

Mª CARMEN. ¿Me llevo al chiquitín?

SRA. Gª. Pero, mujer,[19] ¿cómo vas a estudiar con el niño al lado? Anda, vete sola, que ya me arreglaré yo como pueda.[20]

Un rato después el señor García entra en la casa; deja el abrigo en el perchero y pasa al cuarto de estar, donde sólo hay un montón de juguetes esparcidos por el suelo.

SR. GARCÍA. ¿No hay nadie en casa?

SRA. Gª (*Desde la cocina*). Estamos aquí, Pepe.[21] Estoy acabando de hacer la cena.

SR. Gª. Ya he visto que el pequeño ha establecido su cuartel general en la sala de estar.

SRA. Gª. Yo no me opongo a que juegue allí, pues es la habitación más abrigada de la casa.

SR. Gª. ¿Y María del Carmen?

SRA. Gª. Está haciendo los deberes en su cuarto; ya estará terminando. Hoy tendrá muchas cosas que contarte.

SR. Gª (*A Manolito*). Y tú, pequeñín, ¿has sido bueno hoy?

SRA. Gª. Bueno sí, pero también travieso: quiere que esté todo el
santo día pendiente de él,[22] y no me deja hacer nada. Cuando
voy de compras, a veces es una lata; pues el nene no quiere ir en
su cochecito, porque por lo visto ya se considera suficientemente
mayor para ir andando a mi lado, pero por otra parte en cuanto
llegamos al mercado se le empieza a antojar[23] todo lo que ve, y
no hay manera de que me deje hacer las compras en paz. Algunas
veces le dejo suelto, y ... ¡si vieras la gracia que tiene[24] hablando
con los vendedores! Esta mañana se pasó un buen rato charlando con el frutero, no sé de qué; yo le veía mientras estaba en
la cola del carnicero. Pero cuando no puedo acceder a lo que me
pide, coge unas rabietas[25] . . . El otro día se le antojó que le
comprase un sombrero con una pluma en el ala que vio en un
escaparate; y como no podía ser,[26] se puso a llorar y no había
quien le callase.[27]

SR. Gª. ¿Por qué no le dejas en casa?

SRA. Gª. ¡Toma![28] Porque temo encontrarme a la vuelta con que
haya hecho alguna barrabasada.[29] No, no me fío de él lo más
mínimo. Y es que a su edad . . .

Mª CARMEN (*Entrando en la cocina*). ¡Papá, papá! ¿Sabes lo que ha
sucedido hoy en el instituto?

Y la niña empieza a contarle a su padre la historia.

NOTAS

Common abbreviations are: *Sr.* = *señor*; *Sra.* = *señora*; *Srta.* =
señorita (not to be confused with *Sta.* = *santa*). *Señor* (-*a*) is used
with the surname, and *don, doña* with the Christian name (*nombre
de pila*): *el señor García*; *don Tomás*. When the Christian name or
initial is followed by the surname, the usage is either, e.g., *don T.
García* or *el señor don T. García* (never *señor* alone, unless you are
addressing him personally). A married woman is more frequently

called, e.g., *doña María*, than *Sra. García*. We may also say *Sra. de García*, *los Sres. de García*. *D*. and *D$^{\underline{a}}$* are also used as abbreviations for *don, doña.*

2 *¿Qué le habrá pasado?* 'What can have happened to her?' The Future Tense often indicates probability, supposition or speculation. Compare the English 'It will be about one o'clock'. The Conditional is similarly used in reference to past time: *Tendría cincuenta años,* 'He was about fifty years old'.

3 *Ella que nunca se retrasa,* 'She, who is never late'. *Retrasar(se)* and *atrasar(se)* are almost identical in meaning. *Atrasar el reloj* is 'to put one's watch (clock) back'; *Mi reloj está* (or *va*) *atrasado,* 'My watch is slow'; *un cheque atrasado,* 'an overdue cheque'; *quedarse atrás,* 'to stay (lag) behind'.

4 *Estáte quieto,* 'sit still'. *Estar* used reflexively suggests *permanecer, quedarse*: *Me estaré en casa toda la tarde,* 'I shall stay at home all the afternoon (evening)'.

5 The mistaken use of *cabo* for *quepo* is widespread among children, who tend to use regular forms with irregular verbs. *No quepo* means 'There is no room for me, I can't get in'. Other uses of *caber*: *Caben muchas cosas en mi maleta,* 'There is room for quite a lot of things in my suitcase'; *Tales hombres no caben en sí de orgullo,* 'Such men are puffed up with pride'; *No le cabía en la cabeza que pudiera ser así,* 'He could not imagine that it might be so'; *Todo cabe en tal mujer,* 'Such a woman is capable of anything'.

6 *menos mal.* Literally 'less bad', this phrase is in common use to suggest 'It could be worse' or 'That's a good job'. *Menos mal que llegué antes de que empezara a llover,* 'It's a good thing I arrived before it began to rain'.

7 *es que,* 'the fact is (that) . . . '. The full form, very rarely met with, is *ello es que.*

8 Co-education is much more rare in Spanish secondary schools than in England, though it is common in junior schools and Universities. Male teachers are frequently employed in girls' schools, however. Here, the masculine plural includes the feminine.

9 *se quedó dormido,* 'it went to sleep'. *Quedar* may mean 'to have . . . left': *Me quedan sólo dos hojas,* 'I have only two sheets of paper left'. It may also replace *estar*: *Se quedó asombrado,* 'He was amazed'. *Quedar en* is 'to agree about . . . ': *Quedaron en verse a las cinco,*

'They agreed to meet at five o'clock'. See Conversations 6, note 5, and 8, note 12.

10 *cada vez más alto,* 'louder and louder'. This construction frequently renders 'more and more' followed by an adjective, adverb or noun: *Hacía cada vez más progresos,* 'He made more and more progress'.

11 *se creyó,* 'believed, thought'. Compare the English 'thought to herself'. Similarly, *Me temo que . . . ,* 'I am afraid that . . . '. This use of the reflexive is not to be confused with, e.g., *creerse enfermo,* 'to fancy oneself (to be) ill'.

12 *por muy enfadada que estuviera,* 'however annoyed she was (might be)'. In this construction, the adverb *muy* is used with another adverb or an adjective, but the adjective *mucho* is required to qualify a noun: *Por mucho frío que haga,* 'However cold it is'; *Por muchos esfuerzos que hagamos,* 'However great an effort we make'; *No lo vas a conseguir, por mucho que te empeñes,* 'You shall not get it, however much you insist on it'.

13 *pagarlas con el gato,* 'to "take it out on" the cat'. For the 'neuter feminine', see Conversation 7, note 7.

14 *hace rato que me está pidiendo,* 'has been asking me for a long time'. For this use of the Present Tense, see Conversation 6, note 16.

15 *si yo prefiero,* 'of course, I prefer'. Later, *Tú sí que tienes suerte,* 'You **are** lucky'. *Sí que* is the equivalent of the emphatic English 'do': 'I do want', *Sí que quiero.* See Conversation 6, note 3.

16 *está dando mucha guerra,* 'is very troublesome'.

17 *¡Fíjate!* 'Just look!' An equivalent is *¡Mira!*

18 *con pelos y señales,* 'chapter and verse'.

19 *mujer,* 'my dear girl'. The corresponding *¡hombre!* is often used even when addressing women and children, and ludicrous combinations like *¡Pero, hombre, mujer!* and *¡Hombre, chica!* are frequent.

20 *que ya me arreglaré como pueda,* 'I will get on as best I can'.

21 *Pepe,* 'Joey', is the familiar form of *José.* The diminutives *Pepito* and *Pepillo* are also used. A girl named *Josefa* is commonly called *Pepa* or *Pepita.* (It is by no means strange in a Catholic country that masculine biblical names are given to girls, e.g. *María José,* and vice versa that boys are often named *José María.*)

Other familiar names are *Paco* (*Paquito*) for *Francisco, Perico* for *Pedro, Paca* (*Paquita*) for *Francisca, Charo* for *Rosa* or *Rosario, Lola* for *Dolores,* and *Maruja* for *María.*

Of course, many Christian names may have a diminutive suffix, e.g. *Juan, Juanito, Juanillo*, and even an augmentative suffix, e.g. *Juanón*.

²² *quiere . . . de él*, 'he wants me at his beck and call all the blessed day'.

²³ *se le empieza a antojar*, 'he begins to fancy'. *Antojársele a uno* is 'to have a fancy (or a notion) for', e.g. *Se me antoja un pastel*, 'I fancy a cake'. It may also mean 'It seems to me, I fancy': *Se me antoja que mañana va a nevar*, 'I fancy it will snow tomorrow'. *Un antojo*, 'a whim, caprice' (and also a mole on the face!); *a su antojo*, 'as one pleases'.

²⁴ *la gracia que tiene*, 'how funny he is'. A common expression is *Tiene gracia*, 'it's funny'. *Gracioso* may mean 'funny' or 'graceful', accord- to the context. *El gracioso* is the clown or comic of the Spanish theatre.

²⁵ *coge unas rabietas*, 'he gets cross, gets into a "paddy" '. This is a popular diminutive of *rabia*, 'anger, rage'.

²⁶ *como no podía ser*, 'as it was not possible'.

²⁷ *no había quien le callase*, 'there was no quietening him'; literally, 'there was no one who could quieten him'.

²⁸ *¡Toma!* 'Why, of course!; There you are!' One of the many Spanish exclamations which have no precise meaning and have to be trans- lated according to the context.

²⁹ *alguna barrabasada*, 'some act of devilry'. The word is clearly based on *Barrabás*, the biblical Barabbas.

EJERCICIOS

1. *Cuestionario:*

¿Por qué se inquieta la Sra. García?

¿Cuánto se retrasa María del Carmen?

¿Por qué habla su madre con severidad a Manolito?

¿Qué siente la Sra. García cuando entra María del Carmen?

¿Por qué llevó la niña su gato al instituto?

¿Por qué no se permite esto?

¿Por qué empezó el gato a maullar en la clase de latín?

¿Se portó bien la profesora con el gato?

¿Hizo bien en castigar a la clase?

¿Por qué no confesó la niña que llevó el gato?

¿Por qué tienen hambre los dos hermanos?

¿Qué iba a decir la madre acerca de las comidas del instituto?

¿Cree usted que ella está en lo cierto?

¿Es mejor comer en el instituto que en casa?

¿Por qué no quiere María del Carmen que Manolito le ponga las manos en el vestido?

¿Qué inconveniente ve la madre en que Manolito vaya con su hermana?

¿Por qué pregunta el señor García si no hay nadie en casa?

¿Cómo se porta Manolito cuando la madre va de compras y se lo lleva con ella?

¿Por qué no se fía de él?

¿Qué dirá el señor García de la historia de María del Carmen?

2. *Explíquense en español las siguientes palabras y expresiones:*

inquietarse; portarse bien; antipático; nada de particular; en cuanto; en cuanto a; figurarse; pagarlas con el gato; hacer chiquilladas; de bote en bote; charlar; con pelos y señales; el perchero; el cochecito; por lo visto; se me antoja; el frutero; la cola; no puede ser; una barrabasada.

3. *Fórmense frases originales empleando:*

retrasarse; entretenerse; me da la gana; a los pocos minutos; menos mal; es que; tener mal genio; es de risa; quedarse dormido; cada vez más; contener la risa; me da mucha lástima; hace rato que; atestado; el inconveniente es . . . ; dar guerra; todo el santo día; es una lata; tiene gracia; coger una rabieta; a la vuelta.

4. *Redacción:*

(a) Cuente usted un incidente interesante que le haya pasado en su clase.

(b) Escriba el comentario que hace el Sr. García al oir la historia de María del Carmen.

(c) Usted llega tarde a casa. Escriba la conversación con su madre al tratar de explicar su tardanza.

10. *Al fútbol*

Jack y Miguel van a asistir a un partido de fútbol en el Estadio de Chamartín,[1] *un domingo por la tarde. Pero antes quieren almorzar en un restaurante, cerca del estadio, a fin de encontrarse cerca de él a la hora de entrar y evitar de este modo las aglomeraciones de última hora.*

MIGUEL. ¿Quieres que vayamos a un sitio bueno, o prefieres un restaurante económico?

JACK. Si te parece bien, por una vez podemos hacer una excepción y comer en un sitio que no esté mal.

MIGUEL. Bien dicho. Vamos a uno que ya conozco y que está cerca de aquí.

JACK. Oye, ¿qué es eso que llevas colgando del hombro?

MIGUEL. ¿Esto? Es la bota. Algo muy a propósito para poder echar un trago durante el partido. Muchas personas llevan la bota cuando van a presenciar un partido de fútbol; yo me figuro que es porque así pueden remojar de vez en cuando la garganta, que se les seca[2] con los gritos de ánimo para su equipo . . . La mía la estoy estrenando hoy.[3] La compré hace algún tiempo, pero la he tenido unas semanas llena de vino, para que perdiera el sabor a cuero. Ahora creo que ya está bien. ¿Quieres beber?

JACK. No, gracias, ahora no.[4]

MIGUEL. Es un buen sistema para tener vino a mano en cualquier momento, ¿verdad? A mucha gente le gusta llevarla en viajes, excursiones, etc., pues no pesa gran cosa y apenas ocupa sitio. Bueno, ya hemos llegado. ¿Nos sentamos dentro, o prefieres que subamos a la terraza, para comer al aire libre?

JACK. Si no te importa, preferiría al aire libre; hace un día espléndido.

MIGUEL. Pues anda, sube por aquí. (*Suben a la terraza y se acomodan en una mesa*[5] *para dos.*)

74

CAMARERO. ¿Qué va a ser, señores?

MIGUEL. ¿Quiere hacer el favor de traer la carta?

CAMARERO. Aquí tiene el señor.

MIGUEL. Vamos a ver ... ¿Qué quieres tomar de primer plato, Jack?

JACK (*Al camarero*). ¿Hay hoy paella?[6]

CAMARERO. Sí, señor, precisamente en estos momentos está acabada de hacer.[7]

JACK. Entonces tomaré paella de primer plato. Después, un filete de ternera con ensalada, y por último unas croquetas de pescado. ¿Y tú, Miguel? ¿Quieres también paella?

MIGUEL. No, yo voy a tomar entremeses de primer plato, merluza con mayonesa de segundo, y después un par de chuletas de cordero con patatas fritas.

CAMARERO (*Apuntándolo todo*). Muy bien, señores. ¿Qué vino desean?

JACK. Me da igual,[8] con tal que sea tinto.

MIGUEL. Tienes razón. El vino tinto es mucho mejor que el blanco para las comidas. (*Al camarero*) Media botella de tinto de 'Rioja'.

JACK. ¿Sabes una cosa? Al principio me costaba trabajo[9] acostumbrarme a la cocina española; sobre todo, por el aceite. Pero ahora cada día me gustan más estas comidas.

MIGUEL. Sí, a veces se abusa del aceite;[10] desde luego, es la base de la cocina española, pues todo se guisa con él.

JACK. Yo ya estoy completamente acostumbrado; tanto, que ni lo noto.[11] Y hasta creo que los platos españoles me sientan cada vez mejor.[12]

Al poco rato, el camarero se acerca de nuevo.

CAMARERO. ¿Qué postres desean los señores?

MIGUEL. Yo tomo siempre fruta. Una naranja, por favor. ¿Y tú, Jack?

JACK. Voy a tomar un flan. ¿Tomamos café?

MIGUEL. Sí, claro. (*Al camarero*) Dos cafés, uno solo y otro con leche;[13] y dos copitas de coñac, si hace el favor.

JACK. Ya veo que te acuerdas de que me gusta el café solo. Pero

El Estadio de Chamartín

no creo que podamos alargar la sobremesa, si no queremos llegar tarde al partido.

MIGUEL. No te preocupes, que tenemos tiempo de sobra. Pero más vale que nos vayamos pronto,[14] y así podremos dar un paseo por los alrededores del estadio, una zona de Madrid bastante bonita. ¡Camarero! Haga el favor de la cuenta.

Después de abonar el importe de los dos almuerzos y dar una propina al camarero, los dos amigos salen del restaurante y se encaminan hacia el estadio.

JACK. ¿Sabes que fue una buena idea venirnos temprano cerca del campo de fútbol?

MIGUEL. Sí, el tráfico está ahora muy congestionado; en las calles del centro, a estas horas es dificilísimo conseguir ningún medio de transporte para trasladarse aquí. Bueno, espero que sea un buen partido. Los partidarios de ambos equipos estarán ya impacientes por presenciar el encuentro.

JACK. Los *hinchas*,[15] como decís en Madrid; y tú entre ellos. Para algunos, según he comprobado, es muy importante la suerte que corra su equipo favorito.[16]

MIGUEL. Yo solamente quiero que sea un partido de calidad.

JACK. Y que gane el mejor . . . ¡Ah! Venga ahora esa bota, que tengo ganas[17] de echar un trago. Además, quiero aprovecharme, pues ya sé que cuando estemos dentro empezarás a hacer amigos entre los partidarios de tu equipo, y así me imagino que pronto nos quedaremos sin nada . . .

NOTAS

[1] *El Estadio de Chamartín.* The Chamartín football stadium is situated near the suburb of that name. It is the home ground of the *Real Madrid* club, several times winners of the European Cup.

[2] *se les seca*, 'goes dry'. Literally, 'dries itself to them'. The normal use of the definite article with parts of the body, where English has the possessive, necessitates the appropriate object pronoun in order to indicate the possessor. Examples: *Me lavo las manos*, 'I wash my

hands'; *Se le cayó un diente*, 'one of his teeth fell out'; *Se les saltaban los ojos*, 'their eyes popped out of their heads'.

[3] *estrenando*, 'using for the first time'. *El estreno* is the 'première' or first performance of a play or film. The French *début* is sometimes used in Spain, although the Royal Spanish Academy of Language rejects it.

[4] *ahora no*, 'not now'. Similar inversion is seen in *todavía no*, 'not yet'; *él no*, 'not he'.

[5] *en una mesa*, 'at a table'. Notice the preposition. The distinction between *sentarse a la mesa*, 'to sit at table'; and *sentarse en la mesa* 'to sit on the table', is not always observed.

[6] *paella*. This popular Spanish dish, typical especially of Valencia, consists of rice, shell-fish, pieces of meat, clams (*almejas*), shrimps (*gambas*), sometimes sardines (*sardinas*), etc. It is cooked in an earthenware casserole, without sauce or dressing.

[7] *está acabada de hacer*, 'it has just been made'. The use of *estar* with a past participle indicates the result of the action, whereas the use of *ser* represents the Passive Voice, that is, the action itself. Compare: *estoy recién llegado*, 'I have just arrived'.

[8] *me da igual*, 'it is all the same to me'. We could also say *es igual* or *da lo mismo*.

[9] *me costaba trabajo*, 'it was hard work for me'. *Costar(ue)*, usually meaning 'to cost', is also used like this in *cuesta tiempo*, 'it takes time'. *La cuesta* is 'hill, slope': *cuesta arriba*, 'uphill'; *cuesta abajo*, 'downhill'. *Se me hace cuesta arriba*, 'It is uphill work for me'. *Llevar a cuestas* is 'to carry on one's back or shoulders'.

[10] *se abusa del aceite*, 'too much (olive) oil is used'. Here, *se* is equivalent to French *on*, as in *se dice = on dit*, 'people (they) say, it is said'.

[11] *ni lo noto*, 'I don't even notice it'. 'Not even' is *ni siquiera*, but the second word is often omitted.

[12] *me sientan cada vez mejor*, 'suit me more and more'. For *cada vez más*, see Conversation 9, note 10.

[13] *uno solo y otro con leche*, 'one black and the other white'. Coffee is the most popular warm drink in Spain; tea is drunk by a few people who like it, or as a cure for stomach-ache. In ordering coffee, people nowadays often merely ask for *un cortado* (because the water is cut off (*cortada*) quickly and so the coffee is very strong).

¹⁴ *más vale que nos vayamos pronto*, 'we'd better go early'. The Subjunctive is used after many impersonal expressions.

¹⁵ *los hinchas*, 'the "fans" '.

¹⁶ *la suerte que corra*, 'the fortunes of their favourite team'. *Correr* is used in a number of popular expressions, such as *corre la voz*, 'rumour has it'; *correr peligro*, 'to run a risk'; *el correr de los años*, 'the passing of the years'.

¹⁷ *tengo ganas*, 'I want'. *La gana*, 'will, desire', is widely used: *Tengo muchas ganas de verte*, 'I want very much to see you'; *No se siente con ganas*, 'He feels no desire'; '*Me da la gana*', 'I have a mind (to)'. *Estar desganado* is 'to have no appetite for food'. *Tenía muchas ganas de venir a España*, 'I was looking forward to coming to Spain'.

EJERCICIOS

1. *Cuestionario:*

¿Qué sabe usted del Estadio de Chamartín?
¿Por qué van los amigos el domingo por la tarde?
¿Qué diferencia hay entre el *week-end* inglés y el fin de semana español?
¿Por qué almuerzan los amigos cerca del estadio?
¿Por qué es una excepción para ellos comer en un restaurante caro?
¿Cómo es una bota?
¿Por qué se usa en España?
¿Por qué quiere Jack comer en la terraza?
¿Con qué motivo pide Miguel la carta?
¿Le gustaría a usted comer paella?
¿Qué le parece la comida que piden los dos amigos?
¿Le gustaría a usted una comida hecha a base de aceite?
¿Qué quiere decir 'entremeses'? ¿Y postres?
¿Qué le gusta a usted más, el café solo o con leche?
¿Qué quiere decir Jack con 'la sobremesa'?
¿Por qué pide Jack por fin la bota?

2. *Explíquense en español las siguientes palabras y expresiones:*

un partido; el estadio; las aglomeraciones; bien dicho; la bota; echar un trago; presenciar; remojar la garganta; el equipo; el sabor a cuero; la terraza; la paella; vino tinto; los postres; la sobremesa; una propina; abonar el importe; un bloque de pisos; trasladarse.

3. *Fórmense frases originales empleando:*

a fin de; algo muy a propósito; yo me figuro; estrenar; tener a mano; al aire libre; me cuesta trabajo; ni siquiera; sentarle bien a uno; cada vez mejor; llegar tarde; de sobra; dar un paseo; tener ganas de; aprovecharse.

4. *Redacción:*

(*a*) Discusión sobre el domingo como día de deportes.
(*b*) Después del partido, los dos amigos comentan el encuentro.
(*c*) Una experiencia de usted en el tráfico un día de un partido de fútbol.
(*d*) La comida que más le ha gustado a usted.

El botijo

11. *Al teatro*

MIGUEL. Oye, Jack, he visto anunciado que van a estrenar pronto *Don Juan Tenorio*[1] en el Teatro Español.[2] Esta obra la reponen todos los años por esta época, a comienzos de noviembre, coincidiendo con el día de los difuntos. ¿Te gustaría que fuésemos?

JACK. ¡Ya lo creo que me gustaría! Pero, ¿cuándo?

MIGUEL. ¿Te viene bien[3] el sábado próximo?

JACK. Sí, creo que sí. Estoy dispuesto a ir el sábado.

MIGUEL. En tal caso, sacaré las entradas[4] mañana por la mañana. Los demás días no hay gran aglomeración, y se pueden obtener fácilmente en el momento de llegar al teatro para ver la función, pero los sábados y domingos va mucha más gente, como es natural, y conviene sacarlas con anticipación. ¿Prefieres la sesión de la tarde, a las 7, o la de la noche?

JACK. Me da igual. ¿Qué te parece a ti?

MIGUEL. Creo que sería mejor la de la noche, a las 11;[5] así podríamos trabajar todo el día, e ir después de cenar. Claro que tendremos que adelantar un poco la hora de la cena, para poder llegar a tiempo, pero no creo que haya inconveniente.[6]

JACK. ¿No será demasiado tarde para volver a casa después de la representación?

MIGUEL. No te preocupes. Los tranvías y autobuses están funcionando hasta muy tarde, igual que el *metro*. Además, como al día siguiente será domingo, no importará que nos acostemos tarde, ya que no habremos de levantarnos temprano.

JACK. De acuerdo, pues.

Así, el sábado siguiente Jack y Miguel asisten a la representación de Don Juan Tenorio *en el Teatro Español de Madrid. Después de la función, van paseando, comentando lo que han visto.*

MIGUEL. Bueno, ¿qué te ha parecido la obra?

JACK. Me ha gustado muchísimo. Todos los actores y actrices han estado magníficos; y tanto los decorados como los juegos de luces han sido espléndidos. Pero hay una cosa que quiero preguntarte: ¿hay todos los días dos funciones, tarde y noche?

MIGUEL. Sí, todos los días, excepto algún que otro lunes,[7] que no hay ninguna, porque dedican el día a hacer algún arreglo en el teatro, y que a la vez sirve de descanso a los actores.

JACK. Y bien que necesitarán ese descanso, pues repetir cada día dos veces la actuación debe de ser agotador.

MIGUEL. Tienes razón. Pero no hay más remedio.[8] De haber[9] sólo una función cada día, las localidades habrían de ser mucho más caras, para poder sostener la obra, y gran parte del público no podría costearlas.

JACK. Sí, ésa es una razón poderosa. Tengo entendido que este teatro en particular cuenta además con una subvención del Estado, ¿no es así?

MIGUEL. Creo que sí. Si no fuera por eso, la empresa no podría abordar el montaje de ciertas obras que no son muy taquilleras,[10] aunque son muy buenas; me refiero a obras de tipo clásico. De esta forma, el Teatro Español es el que mejor repertorio presenta cada temporada; por ejemplo, en él se representa cada año la obra premiada con el premio Lope de Vega, que es el premio nacional de teatro y se otorga anualmente. En resumen, que es el mejor teatro de Madrid, mientras no se terminen las obras del Teatro Real[11] y se abra éste otra vez al público.

JACK. Bueno, ¿adónde vamos?

MIGUEL. ¿Tomamos un café antes de retirarnos?

JACK. Pero, ¿tú crees que habrá un sitio abierto a estas horas?

MIGUEL. ¡Ah, sí, qué duda cabe![12] La mayoría de los cafés y cafeterías no se cierran hasta un buen rato después de la hora de salida de los teatros, cines y demás espectáculos; pues saben que a la gente le gusta tomar algo y comentar lo que han presenciado antes de irse a casa.

JACK. Muy buena costumbre . . . Vamos a la Puerta del Sol,[13] ¿eh?

El sereno

Ése es uno de los sitios de Madrid que más me gustan por la noche. Y allí hay muchos cafés.

Los dos amigos pasan media hora en un café que, a pesar de la hora tan avanzada, está lleno de gente, y después toman un trolebús para regresar. Al llegar ante el portal de su casa, Miguel, ante el asombro de Jack,[14] se detiene y da unas sonoras palmadas, que resuenan en medio del silencio de la noche.

JACK. Pero, hombre, ¿qué haces?

MIGUEL. Estoy llamando al sereno.

JACK. ¡Ah, sí, ya caigo, el célebre sereno! ¿Es cierto que el sereno es una especie de policía?

MIGUEL. Algo así: tiene autoridad para detener a cualquier escandalizador o transgresor de la ley durante la noche, si llega el caso. Pero de ordinario no hace más que abrir el portal a los trasnochadores, y vigilar la calle y las casas.[15]

JACK. Pues me parece que tendrás que llamarle otra vez; yo no veo venir a nadie.

MIGUEL (*Dando otras palmadas más fuertes*). ¡Serenoooo . . . !

SERENO (*A lo lejos, y dando un bastonazo en el suelo, dando a entender que ha oído la llamada*). ¡Vaaaa . . . !

MIGUEL. Me parece a mí que el buen hombre estaba en la taberna de la esquina . .

JACK. No querrás que se pase toda la santa noche a la intemperie, ¿no? ¡Pues sí que está la nochecita para bromas![16]

SERENO. Buenas noches, señores . . .

MIGUEL. Buenas noches, Jacinto. ¿Qué tal se va pasando?

SERENO. Vamos tirando, señorito, vamos tirando[17] . . . (*Les abre la puerta*)

MIGUEL (*Dándole una propina*). Aquí tiene usted. Y hasta mañana.

SERENO. Muchas gracias, don Miguel. Que ustedes descansen.

JACK (*A Miguel*). ¿No te acuerdas nunca de llevarte la llave del portal cuando vas a volver tarde?

MIGUEL. ¡Si la tengo[18] siempre en el bolsillo! Mírala.

JACK (*Sorprendido*). ¡Hombre! Entonces, ¿para qué has llamado al sereno?

MIGUEL. Si a todo el mundo se le ocurriese utilizar siempre la llave, esta institución tan simpática del sereno desaparecería al cabo por falta de ocupación . . .

JACK. Lo cual sería una verdadera pena, es verdad. Bueno, me retiro a la cama como las balas,[19] que[20] me estoy cayendo de sueño.

MIGUEL. A mí también se me cierran los ojos. Que duermas bien lo que queda de noche, que no es mucho que digamos[21] . . .

NOTAS

[1] *Don Juan Tenorio.* This is one of the best known Spanish plays. It was written in 1844 by José Zorrilla, and is still produced annually for a season beginning on All Souls' Day, November 2nd (*el día de los difuntos*), perhaps because the associations of this day have much in common with the theme and development of the play. *El día de los difuntos*, 'the day of the dead', is noteworthy for the customary visit to cemeteries to pay tribute to deceased relatives and friends.

[2] *El Teatro Español* is in the *calle del Príncipe*, near the *Puerta del Sol.* It is the leading theatre of Madrid. Zorrilla's work was first produced in the *Teatro de la Cruz*, which no longer exists.

[3] *¿Te viene bien . . . ?* 'Does (it) suit you?' Also: *No me vendrían mal diez pesetas*, 'I could do with . . . '.

[4] *sacaré las entradas*, 'I will buy the tickets'. Note the use of *sacar* and not *comprar* in such cases. *La entrada* is used for a ticket for the theatre, cinema or bullfight. It also means 'the entrance, way in' (*la salida*, 'way out'). *El billete* in the sense of 'ticket' is confined to rail, bus and tram journeys. *Un billete de banco*, 'a bank note'.

[5] The first performance at cinemas and theatres in Spain is at 7 p.m., and the last at about 11 p.m. A 'continuous performance' is *sesión continua*.

[6] *no creo que haya inconveniente*, 'I don't think there will be (is) any objection'. Also: *Si no tienes inconveniente*, 'If you have no objection'. Following *ser*, *inconveniente* means 'inconvenient, unsuitable, inappropriate'.

[7] *algún que otro lunes*, 'an occasional Monday'.

[8] *no hay más remedio*, 'it can't be helped'. Also: *No me queda más remedio*, 'I can do no other than'; *No tener para un remedio*, 'to be penniless'.

[9] *De haber*, 'If there were'. See Conversation 7, note 20.

[10] *que no son muy taquilleras*, 'which are not very good "box office" '. *La taquilla* is the ticket office of a railway station, and the box office of a theatre or cinema. See Conversation 1, note 6.

[11] *El Teatro Real* stands in the *Plaza de Oriente*, opposite the Royal Palace. Formerly operas, concerts and gala performances were held in it. Renovations begun in 1927 are still in progress.

[12] *¡qué duda cabe!* 'there's no doubt about that!' For other uses of *caber*, see Conversation 9, note 5.

[13] *La Puerta del Sol*, once the centre of Madrid, is still one of its most attractive sights. Ten main streets lead to it, including Madrid's longest street, *la calle de Alcalá*. The clock of the *Gobernación* building (formerly the Spanish Home Office, now the *Dirección General de Seguridad*) is the Big Ben of the city. The square was the scene of the revolt against Napoleon on May 2nd, 1808, which has been immortalised by Goya.

[14] *ante el asombro de Jack*, 'to Jack's astonishment'. *Ante* is used in the sense of 'in face of, in the presence of' and replaces *delante de*, 'before', when physical position is not suggested. Of course, both forms are possible in certain cases, e.g. *el testigo está delante de él*, *el testigo está ante él*, 'the witness is before him'. We can also say *Tiene el problema delante*, 'He has the problem before him'. *Ante* may mean 'in view of': *Ante el giro que estaban tomando las cosas, opté por marcharme*, 'In view of the turn things were taking, I resolved to go away'.

[15] The practice of living in flats makes the office of *sereno* (nightwatchman) necessary. The main door of a block of flats is closed at dusk by the porter. Anyone who is out later needs the service of the *sereno* in order to gain admittance, unless he carries a main-door key. The name *sereno* originates from his having called out, in former times, the hours of the night: *Las dos y sereno*, 'Two o'clock and fine' (the weather); *Las tres y lloviendo*, 'Three o'clock and raining' (important for farmers in country towns and villages). In Spain, *sereno* would naturally be the normal call. It is, of course,

the custom to tip the *sereno* for his services. The *serenos* are muni-
cipal employees, a kind of nocturnal police, each in charge of a
number of houses.

¹⁶ *¡Pues sí ... bromas!* 'It's a nice night to be out on!' Jack is speaking
ironically, of course. *Está para bromas* means literally 'It is a
laughing matter'. The use of the diminutive *nochecita* also adds
irony by diminishing the noun just when its impact is greatest.
Compare: *¡Vaya un hombrecillo!* in reference to a very big man.

¹⁷ *vamos tirando*, 'bearing up'. The use of *tirar*, 'to pull', suggests that
life presents difficulties that call for effort. Used of one's financial
position, the expression renders 'rubbing along'.

¹⁸ *¡Si la tengo!* 'Of course, I have it ... !' The emphatic use of *si* and *sí*
has been previously noted in Conversations 9, note 15, 6, note 3.

¹⁹ *como las balas*. Compare the English 'like a shot'.

²⁰ *que* is used for *porque*.

²¹ *que no es mucho que digamos*, 'which isn't much to speak of'.

EJERCICIOS

1. *Cuestionario:*

¿En qué fecha cae el día de los difuntos?
¿Qué ha aprendido usted del drama *Don Juan Tenorio*?
¿Por qué hay que sacar las entradas con anticipación?
¿Es natural que vaya más gente al teatro los sábados y domingos?
¿Por qué prefiere Miguel ir a la función de la noche?
¿Por qué hay sesión de teatro por la noche en España?
¿Qué suele hacer la gente al salir del teatro?
¿Por qué descansan los actores los lunes y no los domingos?
¿Por qué hay más de una función cada día?
¿Por qué no son muy taquilleras las obras clásicas en España?
¿Puede usted hacer una comparación con el éxito de las obras de
    Shakespeare en Inglaterra?
¿Por qué no se cierran los cafés hasta muy tarde?
¿Para qué da Miguel palmadas?
¿Qué es un sereno y por qué se llama así?
¿Cómo indica el sereno su venida?
¿Por qué se le da una propina?

¿Qué causa sorpresa a Jack?

¿Qué le parece a usted la acción de Miguel?

¿A dónde cree usted que irá el sereno después de dar las buenas noches a Jack y Miguel?

2. *Explíquense en español las siguientes palabras y expresiones:*

estrenar; el día de los difuntos; la entrada; la aglomeración; el tranvía; el *metro*; de acuerdo; el actor; un descanso; agotador; costear; la subvención; la empresa; abordar; el repertorio; la temporada; la mayoría; un trolebús; el sereno; el trasnochador; un bastonazo; la intemperie; la broma; vamos tirando; la propina.

3. *Fórmense frases originales empleando:*

el sábado próximo; con anticipación; me da igual; claro que; adelantar; no hay inconveniente en; al día siguiente; no importará; algún que otro lunes; a la vez; no hay más remedio; tengo entendido; contar con; comentar; a pesar de; dar palmadas; de ordinario; es una pena; caerse de sueño.

4. *Redacción:*

(*a*) Describa una visita al teatro que usted ha hecho.

(*b*) La conversación del sereno con el tabernero después de regresar aquél a la taberna.

(*c*) Usted acompaña a un amigo español a recorrer la ciudad en que usted vive. Escriba la conversación.

El abanico

12. *A la sierra*

Aprovechando el buen tiempo, Jack y Miguel van a hacer una excursión en tren, a un pueblecito cerca de Madrid. Llegan a la estación y suben al tren para instalarse en un departamento.

MIGUEL. Bueno, menos mal que ha habido suerte y hemos conseguido un buen sitio, junto a la ventanilla; no parecía nada fácil,[1] pues el tren está bastante lleno, y creo que todavía se llenará más.

JACK. ¿Falta mucho para salir?[2]

MIGUEL. Unos minutos nada más; pero siempre llega mucha gente a última hora, para coger el tren por los pelos.[3]

JACK. Tienes razón: ya empiezan a llenarse los pasillos, y pronto no quedará ni un asiento vacío.

MIGUEL (*Oyendo el pitido de la locomotora*). Va a arrancar el tren.[4] Acomodémonos en nuestros asientos, y sube un poco la ventanilla, que pronto hará fresco. (*Sacando la bota*) ¿Quieres un trago?

JACK. Sí, me parece que no me vendría mal.[5] Gracias.

MIGUEL (*A los compañeros de viaje*). ¿Quieren ustedes beber?[6]

Los demás viajeros aceptan complacidos, y acto seguido comienzan todos a charlar. Al cabo de un rato, siguen hablando Jack y Miguel solos.

JACK. Dentro de poco haré un viaje más largo que éste, pues estoy decidido[7] a ir a Mallorca. He oído hablar mucho de las islas Baleares, y creo que debo visitarlas ahora que estoy cerca de ellas.

MIGUEL. No creas que estás tan cerca. ¿Te has enterado ya de cómo puedes llegar allá?

JACK. Es lo que te iba a preguntar, pues en lo que respecta a la forma de hacer el viaje estoy hecho un mar de confusiones.[8] Por una parte, pienso que contaré sólo con un par de semanas, de modo que quizás me conviniera ir en avión, a fin de perder poco tiempo en el viaje; pero, por otra parte, me gustaría atravesar Aragón y Cataluña en tren y ver el paisaje, y visitar Barcelona. Supongo que desde allí podré tomar un barco para Mallorca, ¿verdad?

MIGUEL. Sí, eso es, desde Barcelona. Desde aquí a la Ciudad Condal[9] puedes ir en tren, pasar allí un par de días y luego embarcarte hacia Mallorca. La travesía por el Mediterráneo te resultaría muy interesante. Pero, como tú dices, de esta forma tardarías más tiempo, mientras que en avión te encontrarías allí en un santiamén, pues ya sabes que puedes hacer el vuelo directo de Madrid a Palma. El único inconveniente del avión es que es más caro que el tren.

JACK. Pero existe la cuestión del tiempo. Y la cosa es que me gustaría visitar, no sólo Mallorca, sino también Ibiza y quizás alguna otra de las Baleares.

MIGUEL. ¿Por qué quieres visitar Ibiza?

JACK. Me han dicho que es uno de los pocos sitios donde quedan playas salvajes y deshabitadas, que aún no han sido echadas a perder por el turismo y la civilización, y que conservan intactos todos sus encantos naturales; si voy allí, será en busca de parajes tranquilos y pacíficos, lejos del ruido de la ciudad moderna.

MIGUEL. Sólo veo un inconveniente a tus planes: ¿has pensado que tal vez tengas dificultades en encontrar alojamiento en esas playas desiertas de que hablas? Yo no dudo que existan, pero a lo mejor el pueblo más cercano estará a varios kilómetros, y sin comunicaciones fáciles.

JACK. Ya había pensado en ello.[10] Lo que haré será llevarme una tienda de campaña, a fin de poder acampar en cualquier sitio que me guste, sin tener que preocuparme de otra cosa.

MIGUEL. Supongo que estarás acostumbrado a acampar, ¿no? Pues esas cosas que parecen tan fáciles, tales como el plantar una tienda, encender fuego cuando no tienes cerillas,[11] o simplemente encontrar agua potable o dormir en el suelo, cuando llega la hora

Un pueblecito de la sierra

de ponerse a ello resultan más difíciles de lo que[12] parecían a primera vista.

JACK. No te preocupes. Cuando yo era joven pertenecía a una organización que hay en mi país y que se llama los *Boy Scouts*; allí me entrené bien en todas estas cosas, y aprendí cuanto hace falta saber para vivir al aire libre, de modo que acampar en una playa no será nada de particular para mí.

MIGUEL. Ya veo que estás decidido a hacer las cosas a tu manera[13] y a gozar de unas vacaciones fuera de lo corriente. Te advierto que a mí me encanta la idea, y estoy contigo[14] en que es algo estupendo.

JACK. Bueno, vamos a fumar un cigarro. ¿Tienes fuego?[15]

MIGUEL. Sí, aquí tengo el encendedor.[16] Veremos si funciona,[17] pues debe de quedarle poca gasolina.[18] Aquí tienes.

JACK. Gracias. Oye, ¿y qué vamos a encontrar en el sitio a donde nos dirigimos ahora?

MIGUEL. Un pueblecito callado y tranquilo, con casas muy bonitas, gente simpática y sencilla, y sitios baratos donde podremos comer estupendamente. Después de almorzar podemos recorrer la sierra, atravesar los pinares y escalar una colina que yo conozco, desde la cual, como el día está muy despejado,[19] podrá divisarse fácilmente el campo en muchos kilómetros a la redonda. Espero que te guste todo esto. A mí me encanta andar[20] por colinas y montañas.

JACK. ¡Claro que me gustará! También yo soy muy aficionado a andar; pero no nos hace falta ir[21] a ningún sitio a almorzar, pues hemos traído merienda.

MIGUEL. Más vale que guardes esas provisiones para más tarde, y que tomemos el almuerzo en cualquier restaurante del pueblo; los guisos de estos aldeanos son muy buenos.

JACK. Pero, ¿no nos va a sobrar comida?

MIGUEL. ¡Qué va![22] Ya me lo dirás después de haber subido a esa colina,[23] que, por cierto,[24] tiene una cuesta bastante pronunciada. Además, ten en cuenta que los aires de la sierra son muy sanos y abren mucho el apetito, de forma que lo más probable es que se nos despierte un hambre canina.²⁵ Los médicos mandan a los enfermos y convalecientes a pasar aquí temporadas de reposo y fortalecimiento. Así es que respira hondo²⁶ . . .

NOTAS

¹ *no parecía nada fácil,* 'it did not seem at all easy'. Other common phrases are *Nada* or *De nada,* 'not at all'; *Nada de eso,* 'nothing of the kind'.

² *¿Falta mucho para salir?,* 'Will it be long before we leave?' (literally, 'Is much lacking . . . '). The opposite of *faltar* is *sobrar*: *Me faltan dos libros,* 'Two of my books are missing'; *Me sobran tres cuadernos,* 'I have three exercise books too many'. See later in the Conversation.

³ *coger el tren por los pelos,* 'to catch the train by the skin of their teeth'. Other interesting idioms are *con pelos y señales,* 'chapter and verse, in minute detail'; *no tener pelo de tonto,* 'to be no fool'; *no tener pelos en la lengua,* 'to be outspoken'; *escapar por un pelo,* 'to escape by a hairbreadth'; *tomar el pelo a alguien,* 'to pull someone's leg'; *venir a pelo,* 'to suit perfectly'.

⁴ *Va a arrancar el tren,* 'The train is going to pull out (leave)'. Alternative expressions are *ponerse en marcha, ponerse en camino, partir, salir (de la estación).*

⁵ *no me vendría mal,* 'it wouldn't come amiss'.

⁶ It is customary in Spain to offer food and drinks to fellow-travellers before partaking oneself. The offer should be politely refused unless the invitation is repeated. The usual formula is *¿Usted(es) gusta(n)?* Reply: *Que aproveche.*

⁷ *estoy decidido,* 'I am resolved'. *Estar* refers to this occasion only, whereas *eres decidido* would mean 'you are resolute (by nature, of character)'; in this case we could insert a noun: *eres un chico (un hombre,* etc.) *decidido.*

⁸ *estoy hecho un mar de confusiones,* 'I am in a quandary'. See Conversation 7, note 10. For *la mar de,* see Conversation 1, note 9. *Estar hecho* is widely used in colloquial expressions like *Está hecho un pillo,* 'He is a little rogue'; *Este chico está hecho de la piel del diablo,* 'This boy is a little devil'.

⁹ *la Ciudad Condal,* 'the county (capital) city'. In the Middle Ages

Barcelona was one of the most powerful maritime cities of the Mediterranean, and the capital of the Counts of Barcelona, who ruled the north-east of Spain.

[10] For the uses of *pensar*, see Conversation 4, note 3.

[11] *cerillas*, 'matches'. They are so called because they are made with waxed paper (*cera*, 'wax'). Other names for the same thing are *fósforo* (because the head of the match was formerly made with phosphorus) and, in the south of Spain, *mixto*.

[12] *de lo que*, 'than (what, that which)'. 'Than' followed by a finite verb is translated by *de lo que* after an adjective or adverb, and by *del que*, *de la que*, *de los que*, *de las que* after a noun, with which the appropriate form must agree. Examples: *Hoy tenemos menos dinero del que gastamos anoche*; *Tengo intención de ir al teatro el año próximo más veces de las que fui este año.*

[13] *a tu manera*, 'in your own way'.

[14] *estoy contigo*, 'I am with you, I agree'.

[15] *¿Tienes fuego?* 'Have you got a light?' 'Light' is normally *luz*; *fuego* really means 'fire', though 'fire' may be variously rendered: *lumbre*, *candela*, *un incendio*. *Hacer fuego*, 'to fire (a gun)' must be distinguished from *encender fuego*, 'to light a fire' and *prender fuego* (*a algo*), 'to set (something) on fire'. 'To burn' is *arder* or *quemar*, but the former is intransitive and means 'to be alight', whereas the latter may be transitive, intransitive or reflexive, and conveys the meaning of 'to destroy with fire', 'to consume by fire'. Examples: *Esa vela está ardiendo*, 'That candle is burning'; *Me quemé un dedo con la plancha*, 'I burnt my finger with the iron'.

[16] *encendedor* embraces all kinds of 'lighter'; *el mechero* is so called because it has a *mecha*, 'wick'. *Piedra de mechero*, 'flint'.

[17] *Funcionar* is used of a piece of apparatus, e.g. a wireless; *trabajar*, of a person working. Both mean 'to work'. Of a clock or watch, *andar* is used.

[18] *Gasolina* is refined petrol used, e.g., for cars; *petróleo* is raw petroleum. *Aceite* is any kind of oil, but in Spain this word usually means 'olive oil', unless it is qualified. *Grasa*, 'grease'. 'Oils' (in painting) is *óleo*.

[19] *el día está muy despejado*, 'the day is quite clear' (cloudless). *Estar* reflects an accidental circumstance. Compare the impersonal use of *ser* in *Era un día despejado.*

[20] *me encanta andar*, 'I love walking . . .' The verbal noun (*el*) *andar* is the subject of *encanta*. *Encantar*, 'to enchant, charm'; *Encantado(-a)*, 'charmed, delighted'.

[21] *no nos hace falta ir*, 'we don't need to go'. *Faltar* means 'to be lacking', *una falta* is 'a lack' or 'a mistake'. This expression is, then, literally 'it is not lacking to us to go', hence 'it is not needful or necessary'. *La culpa* is the English 'fault': *Es culpa tuya*, 'It's your fault'. *Culpar*, 'to blame'.

[22] *¡Qué va!* 'Oh, no!' This expression is popularly used in rejecting a suggestion, and has the force of 'Not on your life!'

[23] Notice that 'to climb' is *subir a* (also *escalar* or *trepar*). The preposition has also been used in, e.g., *subir a un autobús*.

[24] *por cierto* is often equivalent to *a propósito*, 'by the way' (see Conversation 1, note 11). *De paso* and *de pasada*, 'in passing', can also be rendered as 'by the way'.

[25] *un hambre canina*, 'ravenous hunger'. Note the agreement of the adjective. *Hambre*, like *agua*, *ala*, *alma*, *aya*, *hacha*, etc., remains feminine while using the article *el*. The final vowel of *una* with such words is elided in pronunciation and is frequently omitted in writing, though the Royal Spanish Academy favours the full form.

[26] *respira hondo*, 'breathe deeply'. *Respira* is the Imperative with *tú* from *respirar*. An adjective often replaces an adverb in Spanish, hence *hondo* for *hondamente*. Similarly: *La lluvia caía incesante*, 'The rain fell incessantly'; *¡Vamos rápido!* 'Let's go quickly!'

EJERCICIOS

1. *Cuestionario:*

¿Por qué van los dos amigos a la sierra?
¿Charlan mucho antes de la salida del tren?
¿Por qué llegan los viajeros a última hora?
¿Cómo se anuncia la salida del tren?
¿Cree usted que Jack se ha españolizado en algo?
¿Por qué ofrece Miguel la bota a los demás viajeros?
¿Qué diferencia hay entre el viaje en tren en España y en Inglaterra?
¿Es mejor charlar o leer en el tren?

¿Qué es Mallorca?
¿Dónde está situada?
¿Está en realidad cerca de Madrid?
¿Qué ventajas tiene el viaje en avión?
¿Por qué se llama Barcelona la Ciudad Condal?
¿Sabe usted cómo se.llama también Madrid?
¿Qué atractivos tiene Ibiza, según Jack?
¿Cómo resolverá Jack el problema del alojamiento?
¿Por qué no vacila en acampar?
¿Puede usted describir la forma de encender fuego sin emplear cerillas?
¿Es mejor organizar las vacaciones o no?

2. *Explíquense en español las siguientes palabras y expresiones:*

la sierra; un departamento; arrancar; acomodarse; un trago; un compañero de viaje; quemar; sobrar; estar hecho un mar de confusiones; la travesía; en un santiamén; a lo mejor; una tienda de campaña; una cerilla; agua potable.

3. *Fórmense frases originales empleando:*

subir a; tener suerte; estar lleno; faltar; a última hora; coger el tren; abrir el apetito; un hambre canina; oir hablar; por una parte; contar con; echar a perder; en busca de; preocuparse; a primera vista; a su manera.

4. *Redacción:*

(*a*) Descríbase lo demás del día de la sierra.
(*b*) Refiera un viaje interesante en ferrocarril que usted haya hecho.
(*c*) Comparar el viaje en avión y en tren desde Londres hasta Madrid.
(*d*) El mejor modo de pasar las vacaciones.

13. *A los toros*[1]

Jack y Miguel están en sus asientos del tendido de la plaza de toros de Madrid, esperando a que empiece la corrida; con ellos está Rafael, joven andaluz amigo de Miguel, al que[2] *Jack ha conocido hace poco.*

MIGUEL. Falta más de media hora para que empiece la corrida, pero hemos hecho bien en venir pronto, pues es la única forma de coger un buen sitio. Al tendido de sol[3] viene mucha más gente, porque es más barato, y si hubiéramos llegado a última hora habríamos tenido que quedarnos atrás, demasiado lejos para poder ver bien.

RAFAEL. Claro, lo mejor es sacar un asiento de barrera, pero también son los más caros. Yo no hubiera podido costearlo, pues estamos a últimos de mes y ando mal de cuartos.[4]

MIGUEL. ¿Quieres un puro,[5] Jack?

JACK. Gracias, pero yo suelo fumar sólo tabaco rubio; el negro no me gusta, ni siquiera en puros.

MIGUEL. Hoy tienes que hacer una excepción, pues estamos en los toros, y cuando se va a los toros hay que fumar puros durante la corrida. Toma tú otro, Rafael.

RAFAEL. ¿Has estado antes en los toros, Jack?

JACK. Estoy deseando ver una corrida desde hace tiempo, pero hasta ahora no he podido convencer a Miguel para que me acompañe. Es que a él no le gusta esta fiesta, ¿sabes?

RAFAEL. Como que es un aburrido.[6] A mí en cambio me encanta este espectáculo: los toros es lo mejor que hay en el mundo.

MIGUEL. Éste, como todos los andaluces, es un exagerado.[7] Nada de opiniones a medias: lo que él afirma es definitivo.

JACK. ¿Sabes tú torear, Rafael?

RAFAEL. No puedo saber, pues no me he atrevido nunca a ponerme delante de un toro. Por eso admiro aún más a los toreros; verdaderamente, hace falta valor para enfrentarse con una de esas fieras. Yo creo que la simple mirada del bicho debe de[8] helarle a uno la sangre en las venas.

JACK. ¿Son las corridas de toros en Andalucía iguales que las de Madrid?

RAFAEL. En su desarrollo, sí; pero yo creo que allí hay más ambiente. La corrida de toros tiene allí su terreno propio, pues allí hay una gran afición y los andaluces entienden mucho de toros. La Maestranza de Sevilla[9] es el sitio donde todos los toreros quieren triunfar, y donde muchos matadores reciben la alternativa.[10] Pero también aquí en Madrid existe una gran afición; y, según dicen, los toreros reciben en la Monumental de las Ventas su 'consagración'.

JACK. ¿Crees tú que sería posible la abolición de las corridas?

RAFAEL. ¿Abolición de las corridas? ¡Qué barbaridad![11] ¿A quién se le puede ocurrir eso?[12] Los toros es la Fiesta Nacional, un espectáculo lleno de arte y de valor...

MIGUEL. Y de crueldad, o al menos eso piensa mucha gente, que recibiría con agrado la noticia de la abolición. Es un hecho evidente que cada día hay menos afición, cada vez va menos gente a los toros; y eso es un síntoma...

RAFAEL. Es un síntoma de que el fútbol está más de moda. Por otra parte, hoy día no hay tan buenos toreros como antaño,[13] y por eso la afición ha decrecido un poco. Porque no se puede negar que las corridas tienen un arraigo muy profundo[14] en el alma popular.

MIGUEL. Eso es muy discutible; todo eso puede que no sea tan auténtico como tú te imaginas.

RAFAEL. Además, yo no sé por qué la corrida ha de ser más cruel para el toro que para el torero, pues éste expone la vida y hasta algunas veces la pierde. Claro que, al fin y al cabo, al torero nadie le obliga a torear; si lo hace es por su propia voluntad.

JACK. Ya veo que a ti te entusiasman las corridas.

RAFAEL. No puedo negarlo; el 'paseíllo', cuando los toreros desfilan con garbo por la plaza, la faena de los matadores con el capote y con la muleta, los picadores a caballo, los rejoneadores, que burlan al toro con gran maestría, los banderilleros, la hora de la verdad, cuando el diestro se juega su propia vida con la del toro . . . Y luego el momento del triunfo, cuando el matador ha hecho una faena estupenda y recibe una o dos orejas en premio, y da la vuelta al ruedo entre los aplausos de la multitud . . . Fíjate, a veces el público se entusiasma tanto que al final de la corrida saca a hombros a los toreros que han triunfado. Salir en hombros por 'la puerta grande' es uno de los mayores éxitos que puede conseguir un torero. Todo ello está lleno de emoción, de colorido, de arte, de esplendor . . . ¡Ah, es una fiesta magnífica!

MIGUEL. Esa es tu opinión, amigo mío. Pero otras personas consideran estas cosas de otra forma: por ejemplo, que al toro se le hace sufrir con las banderillas y con los rejones, hasta que por fin se le mata atravesándolo con una espada cuando apenas le quedan fuerzas; piensan que el torero expone inútilmente su vida, y que a veces resulta corneado y con frecuencia el toro le mata; consideran, en fin,[15] que este espectáculo es el último residuo que queda de los circos romanos, y que es un espectáculo bárbaro.

RAFAEL. Solamente puede pensar así una persona que no entienda[16] esta fiesta en absoluto.

JACK. Bueno, bueno, dejaros de discutir.[17] Ya veo que es cuestión de puntos de vista; ambos tenéis razón desde el vuestro. Se trata, por tanto, de tener o no afición a esta fiesta, es decir, de que a uno le guste o no.

MIGUEL. Veremos lo que te ocurre a ti, después de que hayas visto esta corrida.

RAFAEL. Espero que sea una buena tarde de toros, para que puedas juzgar bien. El que la corrida resulte bien o no,[18] depende en gran parte de la calidad de los toros, ¿sabes? No todo consiste en que los toreros sean valientes o tengan habilidad. Con un toro malo ni el mejor torero puede hacer nada.

MIGUEL. Ya suena la música anunciando que se va a iniciar la

corrida con el paseíllo. Así pues, prepárate a presenciar tu primera corrida de toros, Jack. Yo también quiero que resulte bien
y que todos los matadores corten orejas.

RAFAEL. ¡Ojalá sea así![19]

NOTAS

[1] *A los toros*, 'to the bullfight'. The performance begins with the
parade (*paseíllo*) in which the *matadores* march across the ring
accompanied by their teams (*las cuadrillas*). Usually three *matadores* take part in a fight, each of them killing two bulls. The fight
proper begins with the release of the first bull from its pen (*el
chiquero*), and is divided into three parts (*tercios*): *el tercio de capas*,
in which the bull is 'played' with a large cloak while its peculiarities
are studied; the *picadores* terminate this part; *el tercio de banderillas*,
in which the *banderillero* usually places three pairs of *banderillas* in
the bull's back; and *el tercio de espadas*, when the *matador* (often
called *el diestro* or *el espada*) first plays the bull at close quarters
with the *muleta* (a piece of red cloth draped over a wooden sword)
and finally kills it with the sword (*el estoque*). This last stage is
called *la hora de la verdad*, 'the moment of truth', since it is the
acid test of the *matador*'s courage. If the bull does not fall and die
of the sword-thrust it is brought to the ground by the severing of
the spinal column (the action is called *el descabello*) and then dis-
patched by use of a dagger (*la puntilla*). The body is dragged from
the ring by a team of mules (*las mulillas*) driven by ring attendants
(*los monosabios*).

The *rejoneador* plays the bull from horseback, using a lance (*el
rejón*), but he dismounts for the kill.

A president, assisted by a retired *matador*, controls the change
from *tercio* to *tercio* by displaying a white handkerchief. He may
also order a band to play as a tribute to a good performance, gives
warnings (*avisos*) and imposes fines for a bad one. He also decides
the granting of ears and tail to a successful bullfighter.

Not infrequently, an ambitious boy leaps into the ring and plays
the bull, buying a few minutes of glory and perhaps a career as a
bullfighter at the cost of a night in gaol. Such a boy is called *un
espontáneo*.

[2] *al que*, 'whom'. *A quien* or *al cual* could equally be used, but there is now a tendency towards *que* rather than *quien* or *cual*, especially in the spoken language.

[3] Seats in the shade (*de sombra*) cost more than those in the sun (*de sol*) for obvious reasons. Between the two extremes is the *sol y sombra* classification, which indicates that the advantages of the shade will be enjoyed in the later stages of the performance. The first row of seats, nearest to the barrier (*la barrera*) surrounding the ring, are also more expensive than those farther back (*los tendidos*).

[4] *ando mal de cuartos*, 'I am short of cash'. *El cuarto* was a copper coin worth three *céntimos*. Though the coin is no longer used, the name survives in expressions like *no tener un cuarto*, 'not to have a cent', and *por cuatro cuartos*, 'for a song'. *Encontrarse en apuros* also means 'to be hard up'. *Ando mal de cambio*, 'I am short of change'; *No tengo cambio* (or *suelto*), 'I have no change'. *La calderilla* means 'small change, "coppers"'.

[5] *El puro*, 'cigar', is a popular abbreviation of *cigarro puro*. *El cigarro* is really 'cigarette', the popular *cigarrillo* being an imitation of the French diminutive. Cigars were formerly widely smoked in Spain, but high prices are now prohibitive for many people. *El pitillo* is the hand-made cigarette popular in Spain; *liar un pitillo*, 'to roll a cigarette'; *la pitillera*, 'cigarette case'. *Tabaco rubio* is Virginia (light-coloured) tobacco, while *tabaco negro* is dark-coloured tobacco used in cigars and for hand-rolled cigarettes.

[6] *Como que es un aburrido*, 'As he is a tiresome fellow'. 'Fellow' in a derogatory sense may be variously rendered, e.g. *cierto sujeto*, 'a certain fellow (chap, guy)'; *Acabo de tener una gresca con uno*, 'I have just had a row with a fellow'. *Estar aburrido*, 'to be bored'.

[7] *es un exagerado*, 'he exaggerates habitually, he shoots a line'.

[8] *debe de*, 'is bound to, sure to'. Strictly, *deber* implies obligation, and *deber de* conjecture and possibility. But in practice, *deber* is often found when *deber de* should be used and, less frequently, vice versa.

[9] The *Maestranza* is the famous bull-ring of Seville. It is so named because nearby there is a barracks called *Maestranza de Artillería*, Artillery School. The *Monumental*, in the suburb of *Ventas* or *las Ventas*, is the Madrid bull-ring. It is so called on account of its size. There is another ring in Madrid called *Vista Alegre*. but only *novilladas* take place in it.

[10] *la alternativa*, 'promotion'. An apprentice bullfighter is called a *novi-llero*, and he fights only *novillos*, that is, young bulls not fully grown. When he has proved his ability, he is sponsored by a senior bull-fighter at his first appearance against mature bulls, and is admitted to the rank of *matador*. This ceremony is called the *alternativa*.

[11] *¡Qué barbaridad!* 'What nonsense! Upon my word!'

[12] 'To occur' and 'to happen' may be variously rendered: *Se me ocurrió una idea estupenda*, 'a wonderful idea occurred to me'; *Sucedió un día*, 'it happened one day'; *Da la casualidad de que yo soy . . .* , 'I happen to be . . .'; *¿Qué te pasa?* 'What is the matter with you?'; *¿Qué pasará? No va a pasar nada*, 'What will happen? Nothing is going to happen'; *Acaeció que*, 'it happened (by chance, it befell) that'.

[13] *antaño*, 'formerly, of yore'. It may also mean 'last year'. The antonym is *hogaño* (Latin *hoc anno*), 'this year, nowadays'. The most famous use of these words is Don Quixote's death-bed statement: *En los nidos de antaño, no hay pájaros hogaño*, 'In last year's nests, there are no birds this year'.

[14] *tienen un arraigo muy profundo*, 'are very deeply rooted'.

[15] *en fin*, 'in short'. To be distinguished from *al fin*, 'finally, in the end', and *por fin*, 'at last'. The end of a street is *el extremo* (or *el final*) *de la calle*; the end of a sword or pencil is *la punta*; the end of a rope or candle, *el cabo*; the end of a story, *el fin*; the terminus of a bus route, *el final del trayecto. Atar cabos* is 'to tie up loose ends'. *Al fin y al cabo*, 'in the end' (emphasis is gained by using both).

[16] *entienda*. The Subjunctive implies that no specific person is referred to. If the Indicative were used, the remark would be directed at Miguel.

[17] *dejaros de discutir*, 'stop arguing'. The infinitive is widely used instead of the Imperative in advertisements, on placards, etc., and in the spoken language.

[18] *El que . . . o no*, 'Whether . . . or not'. A variation is *Vaya o no*, 'Whether he goes or not' (elliptical for *el que vaya o no*). 'Whether . . . or' may also be rendered in archaic language by *Ora . . . ora*, and in literary style by *Bien . . . bien* and *Ya . . . ya*.

[19] *¡Ojalá sea así!* 'I sincerely hope so!' *Ojalá (que)* followed by the Sub-junctive expresses a strong wish. The use of Present Subjunctive suggests that the wish may be realised, while the Past Subjunctive

implies despair or pessimism: *Ojalá apruebes el examen,* 'I do hope you pass your examination'; *Ojalá hubiese aprobado el examen,* 'I wish I had passed my examination'. The elliptical exclamation *¡Ojalá!* means 'I hope it does! I should like to think so!', etc.

EJERCICIOS

1. *Cuestionario:*

¿Por qué es conveniente ir pronto a los toros?
¿Qué ventajas tiene el asiento de sombra?
¿Tiene alguna desventaja?
¿Por qué no van los amigos a asientos de barrera?
¿Es preferible recibir el sueldo mensualmente o semanalmente?
¿Por qué fuma Miguel un puro?
¿Qué opina Miguel de los andaluces?
¿Por qué no es torero Rafael?
¿Sería usted capaz de hacerse torero?
¿Por qué hay más ambiente para los toros en Andalucía?
¿Por qué es importante que el torero triunfe en Madrid?
¿Es extraño que muchos españoles no asistan a los toros?
¿Qué rival tienen los toros como espectáculo hoy día?
¿Qué opina usted de las corridas de toros?
¿Es más cruel para el toro o para el torero?
¿Con qué motivo se concede la oreja al matador?
¿Qué es la 'hora de la verdad'?
¿Por qué depende tanto de los toros el éxito de una corrida?
¿Qué es 'un toro malo'?
¿Cómo empieza la corrida?
Haga usted una descripción de una corrida de toros.

2. *Explíquense en español las siguientes palabras y expresiones:*

Un tendido de sol; barato; un asiento de barrera; andar mal de cuartos; un cigarro; un aburrido; un exagerado; a medias; definitivo; torear; una fiera; el bicho; la Maestranza de Sevilla; la alternativa; un síntoma; antaño; decrecer; desfilar; el picador; el ruedo; triunfar; corneado; el residuo; el circo.

3. *Fórmense frases originales empleando:*

hace poco; falta media hora; llegar pronto; a última hora; desde hace tiempo; me encanta; atreverse; helársele a uno la sangre; según dicen; al menos; cada vez menos; estar de moda; dar la vuelta a; en hombros; no . . . en absoluto; por tanto; consistir en; ¡Ojalá!

4. *Redacción:*

(*a*) Discutir los deportes de sangre ('blood sports').
(*b*) ¿Sería posible la abolición de las corridas en España?
(*c*) Lo que me gustaría hacer durante unas vacaciones en España.

El porrón

14. *La lotería*

Los dos amigos van andando por la calle; Miguel ha tenido que llamar por teléfono, y lo ha hecho desde un quiosco de lotería en el que hay instalado un teléfono público. Con ello, surge el tema de la lotería en España, del que hablan a continuación.[1]

JACK. Oye, ¿qué es lo que vende ese hombre que está dentro del quiosco?

MIGUEL. Vende billetes de lotería. Por cierto, me has dado una idea: voy a comprar una participación.[2] (*Al lotero*) Déme usted una de cinco pesetas, por favor.

LOTERO. Escoja usted mismo el número que más le guste, señor.

MIGUEL. Me quedo con esta tira. Aquí tiene usted el dinero.

LOTERO (*Coge el dinero, tanteando*). ¿Tengo que darle algo de vuelta?

MIGUEL. No, está lo justo.[3]

LOTERO. Muchas gracias, señor.

MIGUEL. De nada. (*A Jack*) Como has visto, este hombre es ciego. Pertenece a una organización llamada O.N.C.E. (Organización Nacional de Ciegos Españoles), que hace mucho bien por ellos. Este hombre difícilmente podría trabajar en otro empleo, de forma que se gana la vida vendiendo lotería. Cada día hay un sorteo, y varios premios para los números que resultan agraciados. Los fondos[4] que se recaudan de estas participaciones (de los cuales sólo una parte se destina a premios) son administrados por la ONCE, que sostiene asilos y hospitales, costea los estudios de otros ciegos, paga los sueldos de los vendedores, etc. En esta organización trabajan exclusivamente personas no videntes.

JACK. Pero ésta no es la lotería tan famosa por sus premios gordos,[5] ¿no?

MIGUEL. No, tú te refieres ahora a la lotería nacional, que es algo completamente distinto y que no tiene nada que ver con la de los ciegos. En aquella[6] los sorteos son mucho más importantes, y se verifican cada cierto tiempo, creo que unas dos veces al mes;[7] también hay algunos sorteos extraordinarios, como el de Navidad, cuyo primer premio es de muchos millones de pesetas.

JACK. ¿Qué hay que hacer para tomar parte en un sorteo?

MIGUEL. Nada más fácil: vas a una Administración de Lotería, y adquieres un billete, cuyo precio varía según la importancia del sorteo. En vez del billete entero puedes comprar lo que se llama un 'décimo', que es, como es obvio, la décima parte de aquél. Después, no tienes más que esperar a que[8] se haga el sorteo, y si tu número sale premiado puedes cobrarlo en cualquier sitio: en la misma Administración donde lo compraste, o en un Banco, etc.

JACK. Entonces un billete premiado vale tanto como dinero en metálico, ¿no es eso?

MIGUEL. Sí, pero ten en cuenta que el billete caduca al año, de modo que hay que cobrarlo antes de que acabe el plazo. Claro que yo no creo que este caso se presente con frecuencia, pues me figuro que cuando a una persona le toca la lotería[9] lo primero que hace es apresurarse a cobrar el premio para tener en sus manos el dinero contante y sonante.[10]

JACK. ¿Es fácil que un número resulte premiado?

MIGUEL. No, es dificilísimo. Hay unos sesenta mil números en el bombo, así es que ya puedes calcular lo pequeña que es la probabilidad[11] de que salga uno en particular.

JACK. Sin embargo, la gente es muy aficionada a la lotería, ¿no?

MIGUEL. Sí. Todo el que[12] no consigue un premio en un sorteo, no por eso escarmienta[13] ni piensa que está malgastando el dinero, sino que pone sus esperanzas en el sorteo siguiente. Para algunos, la lotería es un vicio, un hábito, como el del juego, que les cuesta mucho dinero.

JACK. ¿No te parece a ti que la lotería es[14] inmoral? Al fin y al cabo, incita a la gente a enriquecerse sin trabajar, sólo con un golpe de suerte.

MIGUEL. No sé, no sé; sobre eso hay muchas opiniones en pro y en contra. Algunas personas piensan que por qué no ha de haber

El lotero

unos cuantos afortunados que se hagan ricos así, sin más ni más: y el único procedimiento de hacerse millonario de la noche a la mañana es ése, la lotería.

JACK. Sí, pero la mayoría de los que pongan sus ilusiones en ello tendrán por fuerza que desengañarse[15] antes o después, porque, como tú decías antes, la probabilidad de que salga la cosa con arreglo a sus deseos es mínima. ¿Cómo es, entonces, que la afición a la lotería no decrece?

MIGUEL. Yo pienso que es debido a que la lotería tiene raíces muy fuertes en el alma española, de forma que sería muy difícil quitar a los españoles[16] el gusto por ella. Además, el Estado mismo la apoya, pues es una de sus principales fuentes de ingreso, al quedarse con un elevado tanto por ciento de la recaudación. La lotería constituye una especie de impuesto; y, en verdad, de algún sitio tenían que salir las rentas para un Estado que cuenta con muy pocos impuestos de otra índole.

JACK. La lotería, pues, es principalmente una vieja costumbre española, ¿no es así?

MIGUEL. Sí, eso es. En mi opinión, es una costumbre que se arraiga en características profundas del español como pueblo. Por eso todas las cosas semejantes a la lotería tienen gran aceptación: por ejemplo, la quinielas futbolísticas, que hace poco tiempo que se implantaron en España, y a las que los españoles dedican hoy gran atención.

JACK. ¿Sueles[17] tú jugar a la lotería?

MIGUEL. A la lotería nacional, muy de tarde en tarde; sin embargo, me gusta más la lotería de los ciegos, pues me parece que esa organización realiza una labor muy beneficiosa para ellos. Sobre todo, porque pienso que un ciego puede, de esta forma, sentirse útil, trabajando; si se le mantuviese de balde, quizás se considerase a sí mismo inútil y frustrado.

JACK. Pues nada,[18] que te toque el primer premio mañana ...

MIGUEL. Una vez me tocó, y cobré unas mil quinientas pesetas. Y varias veces he tenido el reintegro;[19] pero lo que no he conseguido pescar[20] nunca es un premio gordo ...

NOTAS

¹ *a continuación*, 'below, as follows'. *Se continúa* or *Continuará* means 'continued' or 'to be continued'.

² *una participación*, 'a share', i.e. a ticket. *Participar una cosa*, 'to inform, to communicate something' (to someone). *Participar en*, 'to participate in'.

³ *está lo justo*, 'that's (just) right'. *Estar* is used because the suggestion is 'the right amount is here (or in my hand)'. *Es lo justo* means *lo que es de justicia*, 'what is right and fair'.

⁴ *Los fondos*, 'The funds'. *Estar en fondos*, 'to be in funds'; *tener fondos*, 'to have funds'. *El fondo* is 'the bottom, basis, depths', e.g. *al fondo*, 'in the background'; *en el fondo*, 'at heart'.

⁵ *premios gordos*, 'big prizes'. *El premio gordo* is 'the first prize' in a major lottery.

⁶ *aquella*, 'the former', i.e. the National Lottery. The accent may now be omitted from demonstrative pronouns, except in cases of ambiguity.

⁷ *unas dos veces al mes*, 'about twice a month'.

⁸ *esperar a que*, 'to wait until'. The following Subjunctive refers to an indefinite future time. *Esperar que* means 'to hope (or to expect) that'. Another verb 'to wait' is *aguardar*.

⁹ *cuando le toca la lotería*, literally 'when the lottery touches him', i.e. when he is a prize-winner. The metaphor suggests Fate touching (selecting) the fortunate. Note also *me toca a mí*, 'it is my turn'. *Estar tocado* used of a person is equivalent to *estar loco*, 'to be beside oneself, angry', etc.; of a fruit it is 'touched' in the sense of 'damaged'.

¹⁰ *el dinero contante y sonante*, 'the hard cash'. *Dinero contante* is 'ready money'; *sonante* suggests 'jingling'.

¹¹ *lo pequeña que es la probabilidad*, 'how small is the likelihood'. *Lo* + adjective or adverb translates the non-exclamatory English 'how' + adjective or adverb when following and followed by a finite verb.

¹² *Todo el que*, 'Everyone who, All those who'.

¹³ *Escarmentar* (*ie*) means here 'to learn by experience, to learn one's lesson'. In another context it could be 'to punish severely'.

¹⁴ *es*. The use of the Indicative suggests either that this is Jack's opinion,

or that he is suppressing his own view in order not to influence Miguel. The Subjunctive would reflect a doubt in his mind.

[15] *desengañarse*, 'to become disillusioned'. The idea of disappointment or disillusionment is expressed, with different shades of meaning, by *desengaño, chasco, frustración, desilusión, decepción* and their corresponding verbs.

[16] *quitar a los españoles*, 'to take from the Spaniards'. This is the 'Dative of separation or advantage' met in Conversation 3, note 3.

[17] *sueles*. The verb *soler* is now used only in the Infinitive, and Present and Imperfect Indicative, though formerly it was also used in other tenses. In modern English its only exact equivalent is in the Imperfect 'used to': *Yo solía estudiar por la noche*. Implicit in *soler* is the idea of 'habit', which can apply to persons but not to things; hence 'used to' is often translated by *antes*: *Estas cosas ya no son como antes*, ' ... as they used to be'.

[18] *nada*. This word is the equivalent of 'Say no more, it's all right' in reply to *perdón*, etc. The word is also very frequently used, without any precise meaning, in order to convey that there is no objection to a suggestion, or simply to indicate that what is going to be said is of no great importance, or to dismiss an idea or argument which conflicts with that of the speaker.

[19] *el reintegro*, 'repayment'. When the last figure of the number of a ticket coincides with that of the ticket that has won the first prize, the cost of the ticket is reimbursed as a 'consolation prize'.

[20] *pescar*, 'to fish'. The word is used metaphorically as 'to fish for (information)', 'to catch', 'to find out (e.g. in a lie)', and 'to get hold of'.

EJERCICIOS

1. *Cuestionario:*

¿Qué es un quiosco de lotería?

¿Con qué motivo fue Miguel al quiosco?

¿Qué es la lotería?

¿Cómo puede adivinarse que el lotero es ciego?

¿Saben los ciegos si los clientes pagan la cantidad debida?

¿Cómo se entera uno de si ha ganado un premio?

¿Tiene la lotería de la ONCE alguna ventaja sobre el sistema inglés?
¿Qué diferencias hay entre la lotería de los ciegos y la nacional?
¿Qué es un décimo?
¿Qué plazo se impone para cobrar un premio?
¿Por qué se impone tal plazo?
¿Es posible que alguna persona no lo cobre alguna vez?
¿Qué probabilidad hay de que le toque a uno un premio?
¿Por qué opina Miguel que la lotería está muy arraigada en el alma española?
¿Qué beneficios proporciona la ONCE al ciego?
¿Qué ventaja para el pueblo tiene la lotería nacional?
¿Por qué no hay tal lotería en Inglaterra?
¿Cuál de las dos loterías prefiere usted?

2. *Explíquense en español las siguientes palabras y expresiones:*

la lotería; un teléfono público; el tema; una participación; tantear; ciego; un asilo; el premio gordo; verificarse; un décimo; cobrar; caducar; el plazo; escarmentar; el juego; enriquecerse; en pro y en contra; unos cuantos; sin más ni más; desengañarse; apoyar; un impuesto; las quinielas; de tarde en tarde.

3. *Fórmense frases originales empleando:*

a continuación; de vuelta; de nada; ganarse la vida; referirse a; hay que; en vez de; esperar a que; tener en cuenta; me figuro que; me toca; al fin y al cabo; un golpe de suerte; por fuerza; cinco por ciento; contar con; arraigarse en; pescar.

4. *Redacción:*

(*a*) Discútase si el ciego debiera depender del Estado o de la lotería.
(*b*) Discutir la cuestión de introducir la lotería nacional en Inglaterra.
(*c*) Explíquese qué son las quinielas futbolísticas y discutir su posición en la vida inglesa.

15. *Las Pascuas de Navidad*[1]

Jack acaba de llegar a Madrid de regreso de Sevilla, donde ha estado pasando las Navidades con su amigo Antonio. Al reunirse con Miguel, ambos comentan la estancia del primero en las tierras del sur.

MIGUEL. Bueno, sentémonos a charlar un rato con tranquilidad. Dime, ¿qué tal te ha ido por Sevilla? ¿Lo has pasado bien?

JACK. He pasado unos días estupendos con Antonio y su familia. No puedes imaginarte qué gente tan simpática.[2] A su lado el tiempo se me ha pasado en un vuelo, sin sentir.

MIGUEL. ¿Cómo celebrasteis las Pascuas?

JACK. El día de Nochebuena fue el día más grande de todas las Navidades. Pasamos la tarde cantando villancicos junto al Nacimiento[3] que habían puesto los niños de la familia. Debieras haber visto[4] el Nacimiento; tenía de todo cuanto[5] asociamos con esa fecha: un pesebre con animales alrededor, casas y campo abierto, colinas y prados perfectamente imitados con serrín y polvos de colores, arbolillos y rocas, arroyos y mujeres lavando en ellos la ropa, pastores cuidando sus ganados, los tres Reyes Magos siguiendo a una estrella[6] que parecía guiarles el camino hacia el pesebre . . . En fin, de todo. Por lo visto, los pequeños guardan las figuritas y las cosas de un año para otro, y están deseando que llegue el mes de diciembre para sacarlas de nuevo, adquirir algunas nuevas y comenzar sus preparativos de instalación del Nacimiento, que queda terminado y completo mucho antes de la Navidad.

MIGUEL. ¿Cantaste tú también villancicos?

JACK. Algunos aprendí, a fuerza de oírselos cantar a los demás: sobre todo, a los niños, que se pasaron la tarde dale que dale[7] a la zambomba, a la pandereta y a la carraca, y sin dejar de cantar. Después hubo una cena abundantísima, con pavo y todo, para la cual se reunió toda la familia, incluso algunos parientes que habían llegado de fuera para esta ocasión. Después de cenar, algunos fueron a la Misa del Gallo.[8] Me dio la impresión de que al día de Nochebuena se le da más importancia en España que al mismo día de Navidad.

MIGUEL. Así es, efectivamente. La cena de la Nochebuena es una fiesta íntima y familiar. La mayor ilusión de muchos cabezas de familia[9] es ver a los suyos reunidos para cenar en este día; muchas personas, por lejos que vivan de su casa paterna, hacen el viaje hasta ella sólo por no faltar a la cena de Nochebuena. Por eso, como habrás notado, los trenes van abarrotados de gente por esas fechas,[10] a pesar de los servicios especiales que pone la RENFE. ¿Y qué me cuentas de la Nochevieja?

JACK. En la Nochevieja hubo otra fiesta, pero de carácter muy distinto. Ésta fue, como si dijéramos,[11] la fiesta profana. Hubo bastantes invitados, y todos nos disfrazamos un poco para el baile, que duró hasta bien entrada la noche.[12] Un poco antes de las 12, pusieron la radio para oir las campanadas que marcaban la entrada del nuevo año; entonces cada cual[13] cogió un cucurucho con doce uvas, y cuando dieron las 12 nos llevamos una uva a la boca por cada campanada que daba; no digo que nos *comimos* las uvas a medida que sonaba el reloj, porque la verdad es que la mayoría nos atragantamos mucho antes de terminar la docena . . .

MIGUEL. Sí, eso es lo que pasa siempre. ¿Te dijeron que debías formular interiormente un deseo para el año nuevo por cada una que tragabas?

JACK. Sí, y así lo hice. Ya veremos si se cumplen; lo dudo mucho, pues creo que me pasé de listo[14] y deseé demasiado . . .

MIGUEL. También eso ocurre siempre: a veces pienso que debe de formar parte de la celebración.[15] Pero lo que es una pena es que no hayas podido quedarte hasta la Noche de Reyes en esa casa donde hay niños. Es interesante ver cómo disfrutan los pequeños en la mañana del día de Reyes yendo a buscar sus regalos al balcón donde se los han dejado los Magos.[16]

JACK. Antonio y su familia querían que me quedase hasta esa fecha,

Villancicos junto al nacimiento

pero yo preferí venirme a Madrid, pues las clases se reanudan el día 7 y antes tengo que preparar algunas cosas. Sin embargo, alguna vez he de volver a Sevilla; si lo hago, procuraré que sea en abril. Me han hablado tanto de la Semana Santa y la Feria sevillanas, que siento gran curiosidad por verlas.

MIGUEL. Sí, eso es algo que no te debes perder. La Semana Santa se celebra de una forma especial en ciertas ciudades del sur, y hace falta ir allí y presenciarla en ese ambiente para hacerse una idea exacta de cómo es; aquí en Madrid también hay algunas procesiones, pero donde la Semana Santa tiene su terreno más propio es en el sur. La Feria de Sevilla es un espectáculo incomparable, único en el mundo, lleno de luz, de alegría y de colorido. Yo creo que en ella se manifiesta el verdadero carácter sevillano en toda su pureza.

JACK. Antonio me dijo que su familia tiene una caseta en el Real de la Feria[17] cada año, y me han dicho que si voy allí tendrán mucho gusto en que me una a ellos. Así es que lo que pienso hacer es aprovechar alguna vez las vacaciones con motivo de la Pascua de Resurrección y recorrer Andalucía, procurando coincidir en Sevilla con la Semana Santa y la Feria, que, según me dijeron, algunos años son casi seguidas.

MIGUEL. A ver si para cuando pienses realizar esos planes puedo yo acompañarte. Hace tiempo que no voy[18] por Andalucía, y es una de las regiones que más me gustan. En fin, chico, me alegro de que lo hayas pasado tan bien en Sevilla; y lo que más me alegra de todo es que veo que te has contagiado un tanto de la alegría andaluza de esas fiestas, pues vienes, como ellos dicen, *como unas pascuas* de contento.[19]

NOTAS

[1] *Las Pascuas de Navidad,* 'Christmas'. Both *pascua* and *Navidad* may be used in the singular or plural. *La pascua* ('religious festival') may be used of any of the annual festivals: *la Pascua de Resurrección*

or *Pascua Florida*, 'Easter'; *la Pascua de Pentecostés*, 'Pentecost, Whitsuntide'. If *Pascua* or *Las Pascuas* is not qualified, it is usually taken to refer to Christmas.

[2] *qué gente tan simpática*, 'what pleasant people'. Compare: *¡Qué día tan espléndido!* 'What a nice day!'; *¡Qué tiempo tan malo!* 'What bad weather!' *Tan* may be replaced by *más* with no change of meaning.

[3] *el Nacimiento*, 'the Crib'. In Spanish homes, this holds the position of the Christmas tree in England. Parents who can afford it obtain one particularly to give their children pleasure. Every church also has its 'Crib'.

[4] *Debieras haber visto*, 'You should have seen'. The Conditional or Subjunctive form in *-ra* of *deber* render the English 'ought' or 'should'.

[5] *todo cuanto* = *todo lo que*, 'all that'. Similarly, *cuantos* frequently replaces *todos los que*, 'all (those) who'.

[6] *siguiendo a una estrella*, 'following a star'. The use of *a* before a direct object represented by a definite person is extended to include personified things, and animals endowed with intelligence or for which affection is felt. The suggestion in this case is that the star was a guide, and therefore in a sense personified.

[7] *dale que dale*, 'thumping away at'. *Dar* is used in many idioms with the meaning of 'to strike': *dar en el clavo*, 'to hit the nail on the head'.

[8] *la Misa del Gallo*, 'Christmas Eve (Midnight) Mass'. *El gallo* is normally 'rooster'.

[9] *muchos cabezas de familia*. Other nouns, normally feminine, which are similarly used are *el espada*, 'the matador' (swordsman) and *el trompeta*, 'the trumpeter'.

[10] *por esas fechas*, 'about that time'. *Por* is often found where reference is not precise, e.g. *Estará por ahí*, 'It will be somewhere there'; *andábamos por la ciudad*, 'we walked around the town'. The use of the plural has a similar vague association in *a principios del mes* (*del año, del siglo*), 'at the beginning of the month (year, century)', and *a fines de octubre*, 'about the end of October'.

[11] *como si dijéramos*, 'so to speak, as it were'. With the same meaning one could also say *por decirlo así* or *como quien dice*.

[12] *hasta bien entrada la noche*, 'until very late at night'. *Las tantas de la noche* means 'the early hours'; *las tantas de la madrugada*, 'the small hours (of the morning)'.

[13] *cada cual* = *cada uno*, 'each one' (of us).

[14] *me pasé de listo*, 'I was too clever'. The idea is 'I was so clever I over-stepped myself'. This verb is also used in *Me pasé de estación* (*de parada*), 'I overshot my station (my bus-stop)'.

[15] *debe de formar parte de la celebración*, 'it must be a (real) part of the fun'.

[16] In Spain, children receive their presents, not on Christmas Day, but more appropriately at Epiphany (Twelfth Night). The gifts are left on a balcony supposedly by *los Reyes Magos*, 'the Three Kings' (the Three Wise Men) who bore gifts to the infant Jesus. 'Christmas boxes' (*los aguinaldos*) are given to servants and other employees at Christmas.

[17] *una caseta en el Real de la Feria*. The *casetas* are rows of one-roomed wooden huts put up especially for the Fair in the area known as the *Real*. Families rent them for the duration of the Fair, decorate and furnish them, and as the rooms are open at the front they furnish a point of vantage for watching the crowds, hailing friends, etc. The Fair is held from April 18th to 23rd, and is in the nature of reaction to the sobriety of the Holy Week.

[18] *Hace tiempo que no voy*, 'I have not been for some time'. See Conversation 2, note 3.

[19] '*como unas pascuas*' *de contento*, 'as pleased as Punch'. *Estar como una pascua* (*unas pascuas*) is 'to be bubbling over with joy'.

EJERCICIOS

1. *Cuestionario:*

¿Dónde está Sevilla?

¿Qué distancia hay de Sevilla a Madrid?

¿Quién es Antonio?

¿Cómo habrá hecho Jack el viaje?

¿En qué fecha es la Nochebuena?

¿Qué es un Nacimiento?

¿Con qué se puede comparar en Inglaterra?

¿Cómo se celebra la Nochebuena en España?

¿Qué es la Misa del Gallo?

¿En qué se parecen las Navidades en Inglaterra y en España?

¿Qué quiere decir la Nochevieja?

¿Qué costumbre extraña se celebra a medianoche?
¿Qué significado tienen las doce uvas?
¿Quiénes son los Reyes Magos?
¿Cuándo cae el día de Reyes?
¿Qué importancia tiene este día para los niños?
¿Por qué ha regresado Jack a Madrid?
¿Qué diferencia hay entre la Semana Santa y la Feria?
¿Por qué le gusta a Miguel Andalucía?
¿Le gustaría a usted visitar Andalucía?
¿Por qué región española siente usted más interés?

2. *Explíquense en español las siguientes palabras y expresiones:*

las Navidades; la estancia; un rato; simpático; la pascua; el villancico; un pesebre; el serrín; por lo visto; efectivamente; la ilusión;
los suyos; abarrotados; profana; disfrazarse; disfrutar; una caseta;
la Pascua de Resurrección; realizar un plan.

3. *Fórmense frases originales empleando:*

de regreso; pasarlo bien (mal); pasársele a uno el tiempo en un
vuelo; todo cuanto; de un año para otro; a fuerza de; dejar de;
no dejar de; por lejos que; faltar a; a pesar de; poner la radio;
a medida que; pasarse de listo; es una pena; alguna vez; unirse a;
con motivo de; a ver si; hace tiempo que.

4. *Redacción:*

(*a*) Describir para un español la forma de celebrar la Navidad en
Inglaterra.

(*b*) Imagínese usted una familia española reunida para la Navidad
y haga usted una descripción de cada persona.

(*c*) Cuente cómo pasó usted la Nochevieja del año pasado.

16. *La Noche de Reyes*

Es la noche del 5 al 6 de enero en casa de los señores García, la Noche de Reyes. Toda la familia está terminando de cenar, y la sobremesa se alarga algo más que de ordinario, pues el pequeño Manolito está muy emocionado[1] pensando en lo que los Reyes Magos[2] le van a traer y quiere hacer muchas preguntas. Su hermana María del Carmen, que es mayor,[3] sabe que los Reyes Magos son pura ilusión, pero también espera algún regalo, que recibirá al mismo tiempo que su hermano los suyos,[4] para darle la impresión de que los Magos traen regalos para todos los niños. Los padres están deseando que los niños se acuesten pronto, para empezar ellos a colocar los regalos.

MANOLITO. Mamá, yo no quiero más leche; no tengo ganas . . .

SRA. GARCÍA. Tienes que bebértela toda. Piensa que a los niños desobedientes no les traen juguetes los Reyes Magos.

MARÍA DEL CARMEN. Si él no es desobediente,[5] ¿verdad, pequeño? Mira, mamá, ya se ha bebido todo el vaso de un tirón,[6] y hasta se ha comido las galletas, que no le hacen mucha gracia.[7] ¿Sabes lo que hemos pedido a los Reyes, papá?

SR. GARCÍA. No, hija, ¿yo cómo lo voy a saber?

Mª CARMEN. Pues como Manolito no sabe todavía escribir, yo he escrito en su nombre,[8] pidiendo a los Reyes todo lo que él me ha dicho: una pistola de verdad, y una espada con su escudo pintado, y un avión grande para que pueda volar al aire libre, y un fuerte con muchos indios y caballistas, y un balón para jugar al fútbol y . . .

SR. GARCÍA. Muchas cosas me van pareciendo ya . . . ¿Tú crees que los Reyes Magos te van a traer todo eso, Manolito?

MANOLITO. Claro, para eso son los Reyes Magos.

SRA. GARCÍA. Ésa es una razón contundente . . .

Mª CARMEN. Mamá, Manolito está muy preocupado porque dice que a lo mejor los Reyes no han recibido la carta con tiempo.[9]

SRA. GARCÍA. No te quepa duda de que la habrán recibido, si pusiste bien la dirección. ¿Qué escribiste en el sobre?

Mª CARMEN. Puse[10]: 'A los Señores Reyes Magos, Oriente.'

SR. GARCÍA. Entonces no hay que preocuparse: con esas señas[11] tan breves y exactas la carta no puede haberse perdido. Los Reyes Magos tienen un correo especial que les lleva las cartas de todos los niños pidiendo juguetes, ¿sabes?

MANOLITO (*Que no se pierde detalle de la conversación*). ¿Y cómo tienen tiempo de repartir los juguetes a todos los niños en una sola noche?

SRA. GARCÍA. Porque tienen unos camellos muy veloces que les trasladan de un sitio a otro rápidamente.

MANOLITO. Entonces a lo mejor empiezan por aquí y si me aguanto[12] un poco sin dormir quizás podré verlos subir al balcón y podré hablar con ellos.

SRA. GARCÍA. ¡No, ni hablar de eso![13] Los Reyes Magos son muy listos, y como no quieren que los niños les vean (porque les interrumpirían en su faena de distribuir los regalos, ¿sabes?), lo primero que hacen es comprobar que los niños duermen, y si no están durmiendo pasan de largo y les dejan sin regalos.

MANOLITO. Pues yo he visto a los Reyes Magos.

Mª CARMEN. ¡Toma,[14] y yo también! Cuando pasaron por aquí en la cabalgata, echando caramelos y saludando a los niños. ¡Fue más bonito ... ! Melchor tenía una barba muy larga y blanquísima; Gaspar iba montado en un caballo blanco, con un paje que llevaba las riendas, y Baltasar era muy negro, tanto que los dientes le resaltaban brillando en la cara: ¡más simpático ... !

SR. GARCÍA (*A María del Carmen*). Bueno, y tú, hija mía, ¿qué les has pedido a los Reyes?

Mª CARMEN (*Con aire de suficiencia*). Yo ya soy mayorcita y estoy al tanto[15] ...

SRA. GARCÍA (*Señalando a Manolito disimuladamente*). ¡Niña!

Mª CARMEN (*Dándose cuenta*). ¡Ah, sí! Quiero decir que lo que yo les he pedido son cosas de persona mayor: una cartera nueva para el instituto, una rebeca de lana, y un diario de pastas de piel; bueno, y también una caja de bombones muy grandota.[16]

SR. GARCÍA. Tú tampoco te has quedado corta pidiendo. Me parece a mí que los pobres Reyes Magos se van a quedar arruinados después de tanto regalo.[17] Porque hay que ver de lo que son capaces estos hijos, cuando se ponen a pedir . . .

SRA. GARCÍA. Os advierto, hijos míos, que si luego los Reyes no os traen todo lo que habéis pedido, tendréis que conformaros; hay que tener en cuenta que si todos fuesen tan ambiciosos como vosotros dos, a los Reyes se les acabarían en seguida los regalos y juguetes, y muchos niños se quedarían sin nada.

Mª CARMEN. ¿Y a ti qué te van a traer, papá?

SR. GARCÍA. ¿A mí? No, a mí no creo que me traigan nada . . . (*Aparte, y a su mujer*) . . . más que una buena factura de los almacenes.

Mª CARMEN. ¿Y a ti tampoco, mamá?

SRA. GARCÍA. No, hija. Los Reyes Magos no les traen juguetes más que a los niños. Y sólo a los que se portan bien y son obedientes con sus padres.

MANOLITO (*Bostezando de sueño*). ¡Qué pena, mamaíta,[18] que no te traigan nada! Pero no te apures, que yo te dejaré jugar con mi pistola.

SR. GARCÍA. ¡Vaya un consuelo![19] Me parece que ya es hora de que estos niños se acuesten.

SRA. GARCÍA. Sí, tienes razón. ¡Hala, niños, a la cama! Dadle un beso a papá, y a dormir; yo voy a acostar a Manolito (*a su marido*), pues quiero asegurarme de que se duerme pronto.

Mª CARMEN. Papá, ¿me llamarás mañana temprano, para ir volando a ver mis regalos?

MANOLITO. Sí, y a mí también, papá.

SR. GARCÍA. Os prometo que os llamaré en cuanto me despierte. Aunque me imagino que no hará falta: estoy seguro de que cuando esté yo en el mejor de los sueños, de madrugada, me encontraré a un diablillo alborotador encima de mi cama, enseñándome los juguetes . . . ¡Ah! Y no os olvidéis de poner los zapatos en el balcón, que eso es muy importante.

MANOLITO. ¿Para qué tengo que poner los zapatos en el balcón, mamá?

SRA. GARCÍA. Para que los Reyes Magos te pongan en ellos los juguetes, hijo.

MANOLITO. ¡Pero mis zapatos son muy pequeñines[20] y no va a caber casi nada!

SR. GARCÍA. Puedes coger mis botas de montar, que son más grandes, y las pones en vez de tus zapatos; lo importante es que te duermas tranquilo.

Mª CARMEN. ¡Qué ganas tengo de que sea mañana por la mañana! Voy a ver si duermo muy de prisa[21] . . . ¡Buenas noches, papaíto!

SR. GARCÍA. Buenas noches, hijos. Que durmáis bien.[22]

NOTAS

[1] *emocionado*, 'excited'. *Emocionar* means 'to move (emotionally), to stir the heart': *sus muestras de afecto me emocionaron*, 'his demonstrations of affection moved me'. *Excitar* is more exactly 'to rouse, stimulate, incite, encourage': *excitar a alguien a la rebelión*, 'to incite someone to rebellion'.

[2] *los Reyes Magos*. See Conversation 15, note 16. Pictorial representations of the 'wise men from the East' of the English Bible show them wearing crowns.

[3] *Mayor* may equally mean 'older (elder), oldest (eldest)' and 'larger, largest'. The meaning must be deduced from the context. Similarly, *menor* may be 'younger, youngest' or 'smaller, smallest'. *Gente mayor* means 'grown-ups, elders'. *Un menor (de edad)*, 'a minor'. *Ser mayor de edad* is 'to be of age'. *El altar mayor*, 'the high altar'; *el palo mayor*, 'the mainmast'.

[4] *los suyos*, i.e. *sus regalos*.

[5] *Si*, 'but'. The word is emphatic here. See Conversations 6, note 3; 9, note 15; 11, note 18.

[6] *de un tirón*, 'at one stroke, all at once'. *Dormir ocho horas de un tirón*, 'to sleep eight hours on end (solid)'. *Tirar* really means 'to pull' or 'to throw away', hence 'at one pull' or 'at a single throw'. 'Stroke' may be variously translated as *una campanada* (of the clock); *una caricia* ('caress'); *un golpe de fortuna* ('stroke of luck'), etc.

[7] *que no le hacen mucha gracia*, 'which don't appeal to him very much'.

[8] *en su nombre*, 'in his name', i.e. on his behalf.

[9] *con tiempo*, 'in time, early enough'. Compare: *llegar a tiempo*, 'to arrive on (at the due) time'. *Con el tiempo* means 'in the course of time, eventually'. *Con el tiempo justo*, 'just in time'.

[10] *Puse*, 'I put'. In conversation, *poner* is often used for *escribir*, as is 'to put' in English. *Reponer* is 'to replace' or 'to retort, to answer back'. *Reponerse de una enfermedad*, 'to recover from an illness'.

[11] Both *las señas* and *la dirección* are used for 'address'. *Las señas* (*personales, particulares*) are also 'particulars', e.g. of personal appearance.

[12] *si me aguanto*, 'if I hold on (out)'. *Aguantar algo* is 'to stand, bear something'; *aguantarse con algo*, 'to put up with something'.

[13] *¡No, ni hablar de eso!* 'No, I won't hear of it!'

[14] *¡Toma!* 'Why (of course)!' Among children, *¡Aivá!* is often heard with this meaning.

[15] *estoy al tanto*, 'I know all about it, "I am in the know" '. Other useful expressions are *No es para tanto*, 'It isn't so serious '(as to justify a fuss); *poner al tanto*, 'to keep informed'. *Un tanto*, 'somewhat', or 'a goal' (e.g. in football).

[16] *grandota*, 'very big, enormous'. The suffix -*ote*, -*ota* is commonly used derogatively, e.g. *un librote*, 'a big ugly book, a "bulky" book'; *feote*, 'hideous'; *una palabrota*, 'a vulgar word'; *un islote*, 'a barren island'.

[17] *tanto regalo*, 'so many presents'. The singular is often used to denote the plural. Other examples: *todo hombre* = *todos los hombres*, 'all men, every man'; *todo el que* = *todos los que*, 'all who'.

[18] *mamaíta*, 'mummy'. Similarly: *papaíto*, 'daddy'. Children freely use affectionate diminutives in speaking to their parents and near relatives. As they grow up, the practice is dropped as excessive use of diminutives is considered childish and perhaps effeminate.

[19] *¡Vaya un consuelo!* 'What a consolation!' The exclamation *¡Vaya!* varies its meaning according to the intonation, but commonly means 'Fancy that! You don't say! Go on with you!' or 'Blimey!' (but less vulgar). It may be compared with *¡Vamos!* 'Come, Come along!' and *¡Qué va!* 'Not at all! Nothing of the kind! Oh, no!'

[20] *pequeñines*, 'tiny'. The suffix -*ín* is a diminutive. Other examples:

el sillín, 'the saddle' (of a bicycle); *un poquitín*, 'just a trifle, a weeny bit'.

[21] *si duermo muy de prisa*, 'if I sleep quickly'. María del Carmen means that she is anxious for the night to pass quickly. Note the difference between *dormir*, 'to sleep', and *dormirse*, 'to go to sleep'. *Si me duermo de prisa*, 'If I fall asleep quickly'.

[22] *Que durmáis bien*, 'Sleep well'. The Subjunctive is used in an independent clause expressing a wish.

EJERCICIOS

1. *Cuestionario:*

¿Cuánto tiempo después de las Navidades es la Noche de Reyes?
¿Sabe usted por qué?
¿Por qué está emocionado Manolito?
¿Recuerda usted cuántos años tiene?
¿Por qué espera regalos María del Carmen, si sabe que los Reyes Magos son una ilusión?
¿Es bueno engañar así al pequeño?
¿Por qué quieren los padres acostar pronto a los niños?
¿Cómo sabemos que Manolito es un buen chico?
¿Qué impresión tiene usted de esta familia?
¿Sabe en realidad el señor García lo que han pedido los niños?
¿Cómo demuestra Manolito su inocencia?
¿Por qué se pone *Oriente* en el sobre?
¿Cómo se llaman los Reyes Magos?
¿Por qué resulta humorística esta conversación?
¿Qué es lo único que recibirá el señor García?
¿Hará falta despertar a los niños a la mañana siguiente?
¿Es inteligente Manolito?

2. *Explíquense en español las siguientes palabras y expresiones:*

la Noche de Reyes; la sobremesa; de ordinario; los Reyes Magos; una ilusión; de un tirón; escribir en nombre de alguien; un balón; estar preocupado; un sobre; la dirección; repartir; el camello; aguantar; la faena; la cabalgata; las riendas; una cartera; conformarse; la factura; un almacén; de madrugada; los zapatos.

3. *Fórmense frases originales empleando:*

terminar de; alargarse; hacer una pregunta; tener ganas; no me hace mucha gracia; al aire libre; tener tiempo de; pasar de largo; estar al tanto; hay que ver; advertir; ¡qué pena!; apurarse; asegurarse; ¡Vaya!

4. *Redacción:*

(*a*) Relátese la escena de la mañana siguiente, cuando se despierta Manolito.

(*b*) Los regalos de Navidad en Inglaterra.

(*c*) Haga usted el retrato moral de un niño (o niña) de su familia o conocido suyo.

17. *Un paseo en coche*

Mientras Jack y Miguel están paseando por la Casa de Campo,[1] en las afueras de Madrid, Diego, un amigo de ambos, llega en un coche,[2] toca la bocina para llamarles la atención y se para junto a ellos.

DIEGO. ¡Qué hay, chicos!

MIGUEL. ¡Hola, Diego! Ya ves, dando una vuelta[3] por este hermoso bosque y disfrutando del buen tiempo.

DIEGO. ¿Queréis que os dé un paseo en coche?

JACK. Pensábamos ir a alquilar una barca al lago, pero podemos cambiar de planes.[4] ¿Qué te parece, Miguel?

MIGUEL. Por mí,[5] muy bien. ¿Vas a algún sitio determinado, Diego?

DIEGO. No, había salido con el coche sólo por el placer de conducir. ¿Adónde queréis que os lleve?

MIGUEL. Supongo que a Jack le gustaría ver la autopista de la carretera de La Coruña y toda aquella parte de Puerta de Hierro,[6] que no creo que haya visto todavía.

DIEGO. Muy buena idea, pues así podremos entrar en uno de los establecimientos que hay por allí a tomar el aperitivo[7] y después regresar para la hora de comer. (*Pone el coche en marcha*) Vamos a continuar por esta carretera, siguiendo la orilla del Manzanares.

JACK. ¡Ah, éste es el famoso 'aprendiz de río'![8] ¡Ya decía yo! Pero, oye, tiene un aspecto mucho mejor del que yo había imaginado; yo había oído decir que era sólo un afluente, un riachuelo.

MIGUEL. Y lo es.[9] Lo que pasa es que recientemente lo han canalizado, adornando sus orillas con jardines y arbolitos, y ahora parece todo un señor río,[10] con una anchura bastante considerable, aunque no tiene mucha profundidad. Ha quedado muy bonito, ¿verdad?

DIEGO. Mucho.[11] Los madrileños podemos estar ahora orgullosos de él;[12] no será ningún río caudaloso e importante, pero sus aguas corren siempre limpias y cristalinas, y sus riberas son uno de los parajes más encantadores de Madrid. Aunque no sea más que un arroyuelo, para nosotros es un río simpatiquísimo, al que todos tenemos gran cariño. Oye, Miguel, creo que no estoy seguro de qué carretera debo tomar ahora...

MIGUEL. ¡Sí, hombre! Sigue hasta el Puente de los Franceses, y cuando llegues a él coges la de la derecha; luego desvíate a la izquierda, rodeando los Campos de Deportes, y desembocaremos en[13] la carretera de La Coruña.

DIEGO. ¡Ah, sí, claro! Es que me había distraído[14] mirando el río.

JACK. ¿Es tuyo este coche, Diego?

DIEGO. ¡Qué más quisiera yo![15] No, es de mi padre, que no me lo presta más que de higos a brevas[16]...

MIGUEL. Es que tu padre es una persona muy sensata,[17] y como sabe que a ti te encanta conducir a más de cien por hora,[18] no quiere quedarse a la vez sin hijo y sin coche. Y a propósito, no nos lleves a mucha velocidad, que aún tenemos que hacer algunas cosas antes de dejar este mundo.

DIEGO. No tengas miedo, hombre. En esta carretera no hay peligro; se puede ir todo lo de prisa que uno quiera, que[19] ni hay curvas, ni coches que vengan en dirección contraria, ni ciclistas que se atraviesen...

MIGUEL. ... ni se puede apreciar el paisaje yendo tan de prisa.

DIEGO. Es verdad. Aflojaré la velocidad para ir explicándole a Jack los sitios por los que vamos pasando. Mira, ahí tienes la Casa de Velázquez, de la que seguramente habrás oído hablar. Al fondo puedes ver algunos edificios de la Ciudad Universitaria; pero todo aquello te será bien conocido, puesto que vas allí todos los días.

JACK. Lo que estoy notando es que hay muchos bosques por esta parte de los alrededores de Madrid.

MIGUEL. En sus orígenes, Madrid era una villa muy pequeña (todavía conserva el título de villa[20]), y estaba rodeado por completo de bosques, a los que venían a cazar los reyes acompañados de sus séquitos. En estos bosques había gran abundancia de osos; por eso desde antiguo se dice que Madrid es 'la villa del oso y del madroño', que son los elementos que componen su escudo.

JACK. También observo que las casas por aquí son muy lujosas.

DIEGO. Toda esta parte está habitada por familias muy bien acomodadas. Puerta de Hierro es el barrio favorito de los ricos; aunque en realidad no es un barrio, al menos en el sentido en que lo es Argüelles o el barrio de Salamanca, formados por bloques compactos de casas de pisos, ya que aquí todo son fincas, chalets y hotelitos. Como puedes ver, también hay magníficos restaurantes y lugares de recreo. Durante las tardes y las noches de verano, mucha gente se viene aquí a pasar la velada,[21] buscando el aire fresco de la sierra, que empieza un poco más allá.

JACK. Dirás la poca gente que queda en Madrid después de marcharse la mayoría a la sierra o a la playa.

MIGUEL. No, no creas que todo el mundo veranea marchándose[22] de Madrid; en primer lugar, no todos tienen vacaciones: muchas personas tienen que quedarse en Madrid trabajando, y el único medio que tienen para huir del calor es venir por aquí, o a otras partes de las afueras, en las horas libres. Pero tampoco a cada cual le es posible venir a estos sitios, que son muy caros y a donde sólo se puede llegar en coche particular o en taxi. Las gentes más modestas salen a las afueras de Madrid siempre en las tardes de verano, pero no se alejan tanto. Claro que al fin y al cabo es lo mismo, pues la temperatura de la Casa de Campo, donde estábamos antes, no se diferencia mucho de la de aquí.

DIEGO. Por cierto, ahora que hablamos de verano: yo tengo un hermano que está estudiando inglés, y mi padre quiere mandarle a Inglaterra a pasar una temporada durante el próximo verano, para que practique el idioma. ¿Crees tú, Jack, que sería posible hacer un intercambio con un chico inglés? Nosotros podríamos tenerle en casa, cómodamente instalado, durante un mes o así, y después mi hermano iría a pasar otro mes a casa de su familia.[23]

JACK. Yo conozco algunos estudiantes de español en la ciudad donde vivo. Si quieres, puedo escribir a mis padres diciéndoles que pregunten si interesaría a alguien un intercambio de ese tipo. Es posible que encuentren,[24] pues estoy seguro de que muchos piensan, como yo, que la mejor manera de aprender un idioma es ir al país donde se habla.

DIEGO. Te agradecería mucho que te tomases interés en este asunto, pues mi hermano está deseando conocer Inglaterra.

JACK. Descuida, que no lo olvidaré.

DIEGO. Bueno, ya hemos llegado. Voy a dejar el coche allí, y entraremos en este sitio a tomar lo que nos apetezca. ¿Qué os ha parecido el viajecito?

JACK. Estupendo, chico. Has sido muy amable proporcionándonos esta excursión imprevista.

NOTAS

[1] *La Casa de Campo* is a wooded area on the outskirts of Madrid, opposite the Royal Palace but across the Manzanares. There is a fine lake, and it is a favourite walking place.

[2] *un coche,* 'a car'. *El automóvil* and *el auto* are also used. *Un coche de línea* is a long-distance bus. *Un carruaje* is a coach in the sense of 'horse-drawn carriage'. *El vagón* is the coach of a train.

[3] *dando una vuelta,* 'taking a stroll'. *Dar un paseo,* 'to go for a walk'. *Pasear* and *pasearse* mean 'to stroll (about)'.

[4] *cambiar de planes,* 'to change plans'. *Cambiar una cosa por otra,* 'to exchange one thing for another'. *Mudar* and *mudarse,* 'to move house'; *mudarse* is also 'to change one's underclothing'. 'To change one thing into another' is *convertir (ie),* e.g. *convirtió su casa en unos almacenes.*

[5] *Por mí* = *por mi parte,* 'for my part, as far as I am concerned'.

[6] *Puerta de Hierro* is an iron gate about three miles from the centre of Madrid on the main road to Corunna (*La Coruña*). The name is given to the surrounding area, the wealthiest residential suburb of Madrid.

[7] *el aperitivo.* It is a Spanish custom to take an apéritif before meals in order to stimulate the appetite.

[8] *el aprendiz de río*, 'the apprentice river'. On account of its smallness, the Manzanares has long been the object of witty comment by Madrilenians.

[9] *Y lo es*, 'And so it is', i.e. *es un afluente, un riachuelo*.

[10] *un señor río*, 'a large river'. *Señor(a)* is commonly used adjectivally, e.g. *un señor puente = un gran puente, una señora casa = una casa magnífica*.

[11] Notice that the reply 'Very' is *mucho* and not *muy*.

[12] Note the use of *estar*. *Ser* would refer to a trait of character.

[13] *desembocaremos en*, 'we shall come out to'.

[14] *Distraerse* has two meanings: 'to be absent-minded', and 'to amuse oneself'. *Ser distraído* is 'to be an absent-minded person' and *estar distraído*, 'to be absent-minded' (at a given time). A more popular word for 'absent-minded' is *despistado*, literally 'off the track'. *Un despiste* is 'a skid'.

[15] *¡Qué más quisiera yo!* 'What else (more) could I wish for!' Note the tense and mood. A similar meaning would be conveyed by *¡Ojalá lo fuese!* 'I wish it were!' See Conversation 13, note 19.

[16] *de higos a brevas*, 'once in a while'. Equivalents are *de vez en cuando*, 'from time to time', and *de tarde en tarde*, 'occasionally'. The fig-tree (*la higuera*) produces two crops a year; the fruit of the first is called *la breva* and the second *el higo*.

[17] *sensata*, 'sensible'. The Spanish *sensible* means 'sensitive'.

[18] *cien por hora.* The Spaniard calculates in kilometres per hour, of course, though the word *milla*, 'mile', is sometimes used.

[19] *que = porque.*

[20] *el título de villa. Villa* may mean either 'township' or 'country house'. Madrid was made the capital of Spain when it was still an insignificant village.

[21] *la velada*, 'the evening, musical evening'. *Velar* means either 'to veil' or 'to keep vigil, to watch', hence 'to stay awake'.

[22] *marchándose*, 'by going away'. The *gerundio* is often used to express manner.

[23] *a casa de su familia*, 'to his family's home'. The definite article is omitted when *casa* is equivalent to 'home'.

[24] *Es posible que encuentren.* The direct object *a alguien* is understood.

EJERCICIOS

1. *Cuestionario:*

¿Cómo llama Diego la atención a sus amigos?
¿Qué diferencia hay entre el paseo de los amigos y el de Diego?
¿Por qué están dando un paseo los dos amigos?
¿Qué les ofrece Diego?
¿Por qué sugiere Miguel un paseo a Puerta de Hierro?
¿Dónde está La Coruña?
¿Qué célebre poema inglés recuerda este nombre?
¿Cómo sabemos que los amigos se encuentran por la mañana?
¿Por qué llaman al Manzanares 'aprendiz de río'?
¿Por qué le tienen tanto cariño los madrileños?
¿Por qué no le presta su padre con frecuencia el auto a Diego?
¿Es muy peligroso conducir a gran velocidad?
¿Qué inconveniente ve Miguel en ir rápidamente?
¿Por qué se llama a Madrid 'la villa del oso y del madroño'?
¿En qué sentido se puede decir que Puerta de Hierro no es un barrio de Madrid?
¿Por qué no salen todos los habitantes de Madrid de veraneo?
¿Puede usted explicar lo que es un intercambio?
¿Bastará un mes de residencia en Inglaterra para aprender el idioma?

2. *Explíquense en español las siguientes palabras y expresiones:*

las afueras; la bocina; pararse; junto a; alquilar; la autopista; la carretera; el aprendiz; un afluente; canalizar; caudaloso; desviarse; rodear; desembocar; de higos a brevas; aflojar; los alrededores; el séquito; el escudo; acomodado; un lugar de recreo; la velada; coche particular; alejarse; lo que nos apetezca; proporcionar; imprevisto.

3. *Fórmense frases originales empleando:*

tocar la bocina; llamar a uno la atención; dar una vuelta; disfrutar de; cambiar de traje; por mí; tomar el aperitivo; la hora de comer; estar orgulloso; ser orgulloso; tener cariño a; distraerse; tener miedo; al fondo; estar rodeado de; al menos; estoy seguro de que; agradecer.

4. *Redacción:*

   (*a*) Escríbase la carta de Jack a sus padres.

   (*b*) Describa usted un paseo que haya dado en coche.

   (*c*) Escriba una carta a un amigo español con el que usted va a hacer un intercambio.

Borriquillo con alforjas

18. *La radio y la televisión*

JACK (*Entrando en el cuarto de Miguel*). ¡Ah, perdona! No sabía que estabas escuchando la radio.

MIGUEL. Pasa, pasa.[1] (*Desconectando[2] el aparato*) No estaba interesado; la había puesto sólo para descansar unos minutos de mi trabajo.

JACK. Déjala puesta, si quieres. Podemos hablar entretanto. ¿Qué es lo que hay?[3]

MIGUEL. Nada importante, en realidad: música ligera.

JACK. A propósito, hace tiempo que quiero hablar contigo de la radiodifusión en España, y ahora viene a pelo.[4] Háblame de ello en términos generales, sin entrar en detalles, pues yo no sé nada sobre este particular.

MIGUEL. Bueno, empezaré por decirte que en España hay muchas estaciones de radio, casi una por cada capital de provincia, y a veces más de una en la misma ciudad. Desde luego, las emisoras madrileñas, o al menos algunas de ellas, son las más importantes, y se sintonizan en toda España. Pero también las estaciones provinciales son importantes, por las emisiones y noticias locales, y por estar especializadas en el tipo de música más propia de la región a que pertenecen; así, las emisoras del sur suelen tener preferencia por el flamenco,[5] las de Aragón por las jotas, las del país vasco por los 'zortzicos', etc.

JACK. ¿Cuántas emisoras hay en Madrid?

MIGUEL. Unas seis u ocho, no lo sé exactamente. Las más conocidas son Radio Nacional de España y Radio Madrid; pero también hay otras importantes.

JACK. ¿Cuál es la que cuenta con[6] mayor número de oyentes?

MIGUEL. La estación de más difusión en todo el país es Radio Nacional de España, que no es una emisora comercial, como las demás, sino, por así decirlo, la emisora oficial del estado. Y también es la que que mejores programas ofrece: charlas sobre asuntos concretos, música clásica, noticias de todo el mundo, retransmisiones de actos importantes, etc.

JACK. ¿Cómo se radian las noticias?

MIGUEL. Cada estación va dando las noticias a lo largo del día, a las horas que le son más convenientes,[7] pero todas las emisoras españolas tienen que conectar con Radio Nacional, para retransmitir las noticias oficiales, dos veces al día, coincidiendo con las horas corrientes de las comidas; es lo que se llama el 'diario hablado'.

JACK. ¿Qué tal son los programas de radio?

MIGUEL. Como te dije, cada emisora tiene sus programas propios, de tipo distinto de los de las otras. Pero, más que la variación con arreglo a cada emisora, es interesante observar que los programas se ajustan a la característica de cada época del año; por ejemplo, durante las Navidades todos incluyen un gran número de villancicos y charlas sobre asuntos navideños, mientras que en Semana Santa a todas horas se oyen saetas.[8]

JACK. Decías que había algunas emisoras comerciales. Entonces, ¿hay muchos anuncios?

MIGUEL. Demasiados. Esa es una de las plagas de la radio. Pero aún hay otras dos, que no son menores: los concursos radiofónicos y los seriales. Los primeros se han puesto de moda en poco tiempo, consiguiendo una aceptación tremenda, pues la gente los encuentra interesantes y siempre hay muchos dispuestos a acudir a[9] ellos con la esperanza de ganar dinero con facilidad; y la verdad es que a veces los premios son cantidades considerables. Los seriales son más fáciles de evitar, y están dedicados a una parte del público en particular. Pero muchos de nosotros no podemos menos de pensar que la escasez de música sinfónica, conciertos, etc., es debida en parte a la superabundancia de anuncios, concursos y seriales, que ocupan casi todo el tiempo.

JACK. Según eso, ¿no es posible escuchar nunca música sinfónica?

MIGUEL. No, yo no he querido decir tanto. Gracias a que hay

La Monumental de las Ventas

muchas emisoras, el aficionado a la buena música puede encontrar sinfonías y conciertos, aunque sólo a ciertas horas y no en todas las estaciones. Claro que tampoco sería bueno que hubiera demasiada música de este tipo, pues seguramente a mucha gente no le gustaría o les aburriría al poco rato. De forma que quizás lo mejor sea que haya un poco para cada gusto, y como ya sabes que sobre gustos no hay nada escrito,[10] puedes suponer que tiene que haber una variedad enorme en las emisoras de radio.

JACK. ¿Y en cuanto a la televisión? Todavía no está muy extendida, ¿verdad?

MIGUEL. No, no lo está. Pero se va introduciendo poco a poco. El principal inconveniente para la televisión es que España es un país muy montañoso, lo cual representa un obstáculo natural muy importante. La primera emisora fue inaugurada en Madrid hace pocos años, y los programas no son todavía muy buenos; por eso, la gente piensa que aún no merece la pena de hacer un gasto tan grande como el que[11] supone el comprar[12] un aparato de televisión.

JACK. ¿Crees tú que a la vuelta de unos años la televisión habrá logrado en España el arraigo que tiene actualmente en Inglaterra?

MIGUEL. Yo incluso me pregunto si conseguirá despertar en España el interés y la afición con que cuenta en tu país. Quizás sí. Lo que me hace dudarlo es que pienso en las diferencias que hay entre el carácter del inglés y el del español;[13] aquél es mucho más aficionado a la vida dentro del hogar, mientras que éste[14] es más dado a *hacer vida de calle*: y la televisión se dirige principalmente a los que pasan muchas horas en casa. ¿Tú crees que sería fácil tener a un español corriente quieto[15] durante tres horas, contemplando la televisión, a menos que fuese un programa que le resultase muy interesante? ¡Ca![16] Yo creo que ese hombre se hartaría y se marcharía a la calle a las primeras de cambio.[17]

JACK. A mí me parece que la televisión, cuando se popularizara[18] en España, podría realizar precisamente ese efecto, el de retener en casa a muchos miembros de la familia que si no fuera por

ella[19] estarían pasando el rato en cualquier otro sitio; sobre todo,
cuando se diese con los programas que les gustasen más y que
fuesen capaces de mantener su atención e interés.

MIGUEL. Puede que sí, chico, puede que sí.[20] Y hasta creo que esa
transformación no vendría mal . . . En fin, ya veremos lo que
ocurre cuando la televisión vaya ganando terreno.

JACK. Perdona que te deje ahora, pero quiero hacer unas compras
y he de darme prisa si quiero coger los comercios abiertos.

MIGUEL. ¡Pero, hombre, si son las ocho y cuarto! Las tiendas están
ya cerradas.

JACK. ¡Vaya! Entonces tendré que esperar hasta mañana. ¡Qué se
le va a hacer![21] La cosa es que había dicho en la tienda a la que
quería ir que volvería esta tarde para recoger mi encargo,[22] y me
sabe mal[23] dejarles plantados.[24] En fin, iré mañana a primera
hora.

NOTAS

[1] *Pasa*, 'Come in'. The verb *pasar* is used in this sense when the door
is opened, but if not, 'Come in!' in response to a knock is *¡Adelante!*

[2] *Desconectando*, 'Switching off'. The same verb may also mean 'to
disconnect'. 'To switch off' (the light, wireless set, etc.) may also
be translated by *quitar*, *apagar* and *desenchufar*. *El enchufe* is 'the
plug' (used colloquially for a 'sinecure') and *la punta* is 'the electric
point'. 'To switch on' is most frequently *poner*, but *encender* and
conectar are also used.

[3] *¿Qué es lo que hay?* 'What's on?' Distinguish from *¿Qué hay?* 'How
are things?'

[4] *ahora viene a pelo*, 'this is the right moment'. For other uses of *pelo*,
see Conversation 12, note 3.

[5] *el flamenco*, Andalusian singing and dancing with a gypsy flavour. *La
jota* is a dance associated with Aragón and Valencia, particularly the
former. *Zortzico* is a Basque word which designates the dance
typical of the Basque provinces; it is pronounced *sorsico*.

[6] *cuenta con* means in this case simply 'has'. *Contar con* may also mean
'to rely on': *cuento con tu ayuda*, 'I am relying on your help'.

7 *a las horas que le son más convenientes,* 'at the times most suitable for it' (i.e. *a la estación*). Notice this use of the Dative. Other examples: *me es conveniente,* 'it is convenient for me'; *me es imposible,* 'it is impossible for me'.

8 *saetas,* 'arrows', are short songs in praise of Christ or the Virgin Mary, heard along processional routes during Holy Week.

9 *Acudir a* is commonly used for 'to go to, to come to' often in the sense of 'hurrying', but may also mean 'to resort to', e.g. *Se me cerraron todos los demás caminos, así es que tengo que acudir a usted a pedirle un préstamo,* 'All other means were closed to me, so I have to resort to you and ask for a loan'.

10 *sobre gustos no hay nada escrito,* 'there's no Academy for tastes', i.e. preferences are not subject to regulations. *Buen (mal) gusto,* 'Good (bad) taste'; *tener gusto en,* 'to be pleased to'; *encontrarse a gusto,* 'to be happy' (somewhere); *a su gusto,* 'to one's taste or pleasure'; *dar gusto,* 'to please or "to give in" ', e.g. to a child's fancy. *Gustar* may mean 'to please, give pleasure' or 'to taste'. 'To taste of', *saber a.*

11 *el que* = *el gasto que.*

12 *el comprar,* 'purchasing'. The Infinitive is the verbal noun in Spanish, corresponding to the English gerund. The article is frequently omitted, e.g. *me gustaría comprarlo* = *el comprarlo me gustaría.*

13 *el del español* = *el carácter del español.*

14 *aquél . . . éste,* 'the former . . . the latter'.

15 *tener a un español corriente quieto,* 'to keep an average Spaniard still'. Notice the difference between *tener* and *tener a* with a personal object: *tengo muchos amigos; tengo a varios amigos esperándome; tengo una hermana; tengo a mi hermana en casa.*

16 *¡Ca!* 'Oh, no!' A colloquial interjection.

17 *a las primeras de cambio,* 'as soon as he saw the way things were going'.

18 *cuando se popularizara,* 'when it became popular'. The Subjunctive is required to represent a hypothetical future time. In this case, the Imperfect Subjunctive is needed for correct sequence of tenses, when associated with the Conditional *podría.* Similarly, *cuando se diese con,* 'when one hit upon'. *Vulgar* may mean either 'vulgar' or 'popular': *la vulgarización* (e.g. *una obra de vulgarización*), 'popularisation'; *canciones vulgares,* 'popular songs'.

19 *si no fuera por ella,* 'were it not for it'. *Ella* = *la televisión.*

[20] *puede que sí,* 'perhaps so'. See Conversation 5, note 5.

[21] *¡Qué se le va a hacer!* 'What can be done about it?' Note the use of the 'neuter Dative' *le* referring to an understood *ello*.

[22] *para recoger mi encargo,* 'to pick up my order'. This use of *recoger* is similar to the English 'to collect, to get' something already bought or ordered. Also: *Iré a recogerte para ir al teatro,* 'I shall come and pick you up . . .'

[23] *me sabe mal,* 'I don't like'. We have already met *saber a* in the sense of 'to taste of'.

[24] *dejarles plantados,* 'to let them down'. The expression is widely used in cases of failure to keep an appointment or to do what is expected of us.

EJERCICIOS

1. *Cuestionario:*

¿Por qué pide Jack perdón?

¿Con qué motivo ha puesto Miguel la radio?

¿Es costumbre en casa de usted estudiar con la radio puesta?

¿Qué le gusta más a usted, la música ligera o la clásica?

¿Por qué pide Jack a Miguel que le hable en términos generales?

¿Sabe usted cuántas capitales de provincia hay en España?

¿Qué importancia tienen las emisoras provinciales?

¿Cómo se explica el que haya muchas emisoras en Madrid?

¿Por qué ofrece los mejores programas Radio Nacional de España?

¿Qué quiere decir 'diario hablado'?

¿Varían los programas también en Inglaterra según la época del año?

¿Favorecería usted una emisora comercial en Inglaterra?

¿Qué resultado tiene el poner demasiados anuncios?

¿Cuáles son las plagas de la radio?

¿Qué tipo de programas prefiere usted?

¿Por qué es lástima que haya escasez de programas sinfónicos en España?

¿Por qué se compran pocos aparatos de televisión en España?

¿Qué le sabe mal a Jack?

¿A quiénes va a dejar plantados?

2. *Explíquense en español las siguientes palabras y expresiones:*

la radio; música ligera; venir a pelo; la emisora; sintonizar; el flamenco; la jota; un oyente; el 'diario hablado'; la característica; la charla; la saeta; la plaga; el concurso; el serial; el concierto; un aparato de televisión; el arraigo; hacer vida de calle; un encargo; dejar plantado.

3. *Fórmense frases originales empleando:*

poner la radio; entretanto; en términos generales; empezar por; desde luego; contar con; por así decirlo; a lo largo del día; con arreglo a; ponerse de moda; aburrir; poco a poco; merece la pena; a la vuelta de; aquél . . . éste; hartarse; pasar el rato; ganar terreno; hacer unas compras; recoger; me sabe mal; a primera hora.

4. *Redacción:*

(*a*) Dé usted algunos informes sobre la difusión de la radio y la televisión en Inglaterra.

(*b*) Escríbase un ensayo sobre los papeles que juegan en nuestra vida la radio y la televisión.

(*c*) Escríbase una crítica de los programas que se emiten en una de las dos.

Vocabulary

Words which are translated in the notes are omitted from this vocabulary, unless they occur again in the text. Some easily recognised and elementary words are also excluded. Adjectives are given in the masculine singular. Root-changing verbs are indicated as follows: *soler(ue)*.

a, *to, at*; — cargo de, *responsible for*; — medias, *half-way, half-hearted*; — medida que, *as, while*; — menos que, *unless*; — la redonda, *round about, around*; — pesar de, *in spite of*; — propósito, *concerning, appropriate, to the purpose, by the way, on purpose*; — tono, *in harmony*; — través de, *through, across*; — mano, *to hand, available*; — causa de, *on account of*

abajo, *down, below, downstairs*

abarrotado, *crowded*

abierto, *open*

abonar, *to make good, pay (an account, etc.)*

abordar, *to approach, tackle (a problem)*

abrigado, *sheltered, protected, warm, wrapped up*

el abrigo, *overcoat*

abril, *April*

abrir, *to open*

abundar, *to abound*

aburrido, *bored, boring*

acabar, *to finish*; — de, *to finish, have just*

acampar, *to camp (out)*

acaso, *perhaps*

acceder, *to accede, agree to*

el aceite, *olive oil*

la aceptación, *acceptance, welcome*

acerca de, *concerning, about*

acercarse, *to approach, draw near*

acertado, *right, correct*

acomodado, *comfortable, well-to-do*

acomodarse, *to make oneself comfortable, settle (down)*

acordarse(ue), *to remember*

acostar(ue), *to put to bed*; — se, *to go to bed, lie down*

acostumbrado, *accustomed*

el acto, *act, event*; — seguido, *straight away*

la actuación, *performance, acting*

actualmente, *now, at present*

adecuado, *adequate, suitable*

adelantar, *to bring forward*

además, *besides, moreover*

los adentros, *inmost being*; decir para sus —, *to say to oneself*

adivinar, *to guess*

adquirir(ie), *to acquire*

las aduanas, *Customs*

advertir(ie), *to warn, advise, notice, observe, inform*

la afición, *affection, fondness, liking*; — favorita, *hobby*

el aficionado, *'fan', lover (of music)*

aficionado, *fond*

aflojar, *to slacken (pace)*

el afluente, *tributary*

las afueras, *outskirts*

la aglomeración, *crowd, crush*

agobiar, *to overwhelm, burden*

141

agotador, *exhausting*
agraciado, *winner, winning*
agradable, *agreeable, pleasant*
agradecer, *to thank*
el agrado, *pleasure*
la aguja, *needle, spire*
ahí, *there*
ahogar, *to choke, drown, stifle*
el ajetreo, *bustle*
ajustar, *to adjust*
el ala (*fem.*), *wing, brim of hat*
alargar, *to lengthen, draw out*
alborotador, *excited, noisy*
alcanzar, *to reach, overtake*
el aldeano, *villager*
alegrar, *to delight, make happy*
alegrarse, *to be glad, delighted*
alegre, *happy, gay*
la alegría, *gaiety*
alejado, *far, distant*
alejarse, *to go (far) away*
las alforjas, *saddlebags*
algo, *something, somewhat, rather*;
    — así, *something like that*
alguien, *someone*
allá, *there*; más —, *farther on*
el alma (*fem.*), *soul, spirit, heart*
el almacén, *store*
almorzar(ue), *to have lunch*
el alojamiento, *accommodation*
alojar, *to lodge, accommodate*
alquilar, *to rent, hire*
alrededor, *around, round about*
los alrededores, *surroundings*
el alumno, *pupil*
amable, *amiable, friendly, kind*
amargo, *bitter*
amarillo, *yellow*
el ambiente, *atmosphere*
ambos(-as), *both*
amenizar, *to make pleasant, relieve*
la anchura, *width*
andaluz, *Andalusian*
andar, *to walk, go*; ¡Anda! *Come!
    Go along!*

el andén, *platform (railway)*
el ánimo, *spirit, encouragement*
ante, *before*
anterior, *previous*
anteriormente, *previously*
antes, *before*; — o después,
    sooner or later
antiguamente, *formerly*
antiguo, *old, ancient, former*;
    desde —, *from of old*
antipático, *unpleasant*
anunciar, *to announce, advertise*
el anuncio, *notice, advertisement*
el año, *year*; de un — para otro,
    from one year to another
apagar, *to douse, quench, put out
    (light or fire)*
el aparador, *sideboard*
el aparato, *set, apparatus (telephone, etc.)*
aparecer, *to appear*
apenas, *hardly, scarcely*
apetecer, *to crave, wish for*
apoyar, *to support*
aprender, *to learn*
el aprendiz, *apprentice*
apresurarse, *to hurry*
aprobar(ue), *to pass (an examination)*
aprovechable, *profitable*
aprovechar, *to profit from, take
    advantage of*
apuntar, *to note, make a note of*
apurarse, *to worry*
el apuro, *difficulty, harassment*
el árbol, *tree*
el arbolillo, el arbolito, *small tree*
el armario, *cupboard, wardrobe*;
    — empotrado, *built-in wardrobe*
arraigado, *rooted*
arraigar, *to take root*
el arraigo, *rootage, solidity*
el arrayán, *myrtle*
arreglar, *to arrange*
el arreglo, *arrangement, repair*;

con — a, *with regard to, in accord with*
arriba, *above, up, upstairs*
el arroyo, *stream*
asar, *to roast*
el ascensor, *lift*
asegurar, *to assure*
así, *so, thus;* — que, *so that;* — como, *as well as*
el asiento, *seat*
el asilo, *home, poorhouse*
asistir, *to attend, be present*
asociar, *to associate*
asomarse, *to go to, appear at, lean out of (a door or window)*
el asombro, *amazement, astonishment*
la aspiradora, *vacuum cleaner*
el asunto, *subject, matter*
atender(ie), *to attend (to)*
atestado, *crowded*
el atractivo, *attraction*
atraer, *to attract*
atragantar, *to choke*
atrás, *back, behind*
atravesar(ie), *to cross, pierce, run through*
atreverse, *to dare*
aun, *even;* aún, *still, yet*
aunque, *although, even if*
ausentarse, *to leave, absent oneself*
austero, *austere*
auténtico, *authentic, real*
la autopista, *motorway*
avanzado, *advanced, late*
aventurarse, *to venture*
averiguar, *to verify, ascertain*
el avión, *aeroplane*
ayudar, *to help*
el Ayuntamiento, *Council, Town Hall*
la azucena, *Madonna lily*

bailar, *to dance*
el baile, *dance*

bajar, *to go down, descend, get off (a vehicle)*
bajo, *low, quiet, under*
la bala, *bullet*
el balcón, *balcony*
el balón, *ball, football*
el banco, *bank, bench*
el banderillero, *bullfighter who places the* banderillas, *barbed darts*
el baño, *bath*
barato, *cheap*
la barba, *beard, chin*
la barca, el barco, *boat*
el barrio, *suburb*
la base, *basis*
bastante, *sufficient, enough, quite, quite a lot of*
bastar, *to suffice*
el bastonazo, *blow with a stick*
la batalla, *battle*
la bebida, *drink*
la belleza, *beauty*
beneficioso, *beneficial*
benigno, *benign, kind*
el beso, *kiss*
el biberón, *nursing bottle*
el bicho, *vermin, fierce bull*
el billete, *ticket, banknote*
el bloque, *block*
el bocadillo, *roll, sandwich*
la bocina, *horn (of a car)*
el bolsillo, *pocket*
el bombo, *drum*
los bombones, *chocolates*
bonito, *pretty, attractive*
el borriquillo, *donkey*
el bosque, *wood*
bostezar, *to yawn*
la bota, *boot, leather drinking bottle;* botas de montar, *riding boots*
la botella, *bottle*
el botijo, *earthen drinking bottle*
la bóveda, *vault, dome*
el brazo, *arm*

breve, *brief*; en breves momentos, *shortly, in a few moments*
brillar, *to shine*
brindar, *to toast, drink a toast*
bullicioso, *noisy*
burlar, *to deceive, outwit*
la busca, *search*
buscar, *to look for, seek*

la cabalgata, *cavalcade, procession*
el caballista, *horseman, cowboy*
el caballo, *horse*; a —, *mounted, on horseback*
caber, *to be contained*
la cabeza, *head*; la cabecita, *small head*
el cabo, *end*; al —, *in the end*
cada, *each, every*; — cual, *each one, everybody*
caducar, *to lapse, be out of date*
caer, *to fall*; ya caigo, *I understand*
la caída, *fall*
la caja, *box*
la calefacción, *heating*
calentar(ie), *to heat, warm*
la calidad, *quality*
cálido, *hot*
el calor, *warmth, heat*
la calzada, *road, roadway*
callado, *quiet, silent*
la calle, *street*
la cama, *bed*
el camarero, *waiter*
cambiar, *to change*
el camello, *camel*
el camino, *road, route, way*
la campanada, *peal of bells, stroke*
la campaña, *campaign*
el campo, *country, field*; campos de deportes, *playing fields*
cantar, *to sing*
la cantidad, *quantity, amount*
capaz, *capable*
la capilla, *chapel*

el capote, *cloak, cape*
la cara, *face*
¡Caramba! *Heavens!*
el carbón, *coal*
carente, *lacking*
cargado, *stuffy* (*atmosphere*), *heavy* (*head*)
el cariño, *affection*
el carnicero, *butcher*
caro, *dear, expensive*
la carraca, *rattle*
la carretera, *highway*
el carruaje, *carriage, vehicle*
la carta, *letter, menu*
la cartera, *wallet, satchel, briefcase*
casarse, *to marry*
el casco urbano, *built-up area, area occupied by a city*
casi, *almost*
la casita, *small house, cottage*
el caso, *case*; el — es, *the fact is*; en tal —, *in that case*
las castañuelas, *castanets*
castigar, *to punish*
caudaloso, *abundant, full flowing*
cazar, *to hunt*
la cena, *evening meal, dinner*
cenar, *to have dinner or supper*
la cerilla, *match*
cerrar(ie), *to close*
el césped, *lawn*
ciego, *blind*
cierto, *sure, certain*; por —, *certainly, now I think of it*; estar en lo —, *to be right*
la cinta, *ribbon, tape, strip* (*film*)
el circo, *circus*
la circulación, *traffic*; el guardia de —, *policeman*
claro, *light, clear, of course*
el clavel, *carnation*
cobrar, *to collect*
la cocina, *kitchen, cooking*; — de carbón, *coal range*; — eléctrica, *cooking stove*
el coche, *car*

el cochecito, *baby carriage, pram*
coger, *to take, pick up, seize, grasp, catch, get*
coincidir, *to coincide, come together*
la cola, *queue, tail*
colgar(ue), *to hang*
la colina, *hill*
colocar, *to place, put*
el color, *colour*; de colores, *coloured*
el colorido, *colouring, colour*
el comedor, *dining room*
comentar, *to comment, discuss*
comenzar(ie), *to begin*
el comercio, *business house*
la comida, *meal, food*
el comienzo, *beginning*
como, *as, like*; — que, *so that*; ¿Cómo? *How?*; ¡Cómo! *What!*; ¡Cómo no! *Of course!*; ¿Cómo es? *What is it like?*
cómodo, *comfortable*
el compañero, *companion, fellow*
complacido, *pleased, full of pleasure*
componer, *to compose, form*
la compra, *purchase*; de compras, *shopping*
comprender, *to understand*
comprobar(ue), *to prove, verify*
el compromiso, *engagement*
con, *with*; — anticipación, *in advance, beforehand*
conceder, *to concede, grant*
el concurso, *competition*
conducir, *to lead, drive (vehicle)*
la confitería, *confectioners, pastry shop*
conformarse, *to be content, content oneself*
conforme, *as, while*
confundir, *to confound, confuse*
conocer, *to know, meet, get to know*
el conocido, *acquaintance*

la consagración, *consecration*
conseguir(i), *to succeed, achieve, obtain*
conservar, *to keep, preserve*
la consigna, *left-luggage office*
construir, *to construct, build*
contagiar, *to infect*
contar(ue), *to count, recount, tell (a story)*; — con, *to count on, have, reckon with*
contener, *to contain, restrain*
contestar, *to reply*
contrario, *contrary, opposite*
contundente, *impressive*
convencer, *to convince, persuade*
conveniente, *convenient, suitable, appropriate*
convenir, *to suit, be appropriate, agree, be meet*
el coñac, *cognac, brandy*
la copita, *wine-glass*
el cordero, *lamb*
corneado, *gored*
el correo, *post*
correr, *to run, flow*
correspondiente, *corresponding, appropriate*
la corrida (de toros), *bullfight*
corriente, *current, normal, common*
cortar, *to cut, break*
la cortesía, *courtesy*
cortésmente, *courteously*
corto, *short*
la cosa, *thing, matter*
la cosecha, *crop, harvest*
costear, *to pay for, defray (an expense)*
la costumbre, *custom*
crecer, *to grow*
el crecimiento, *growth*
la crítica, *criticism*
la croqueta, *croquette*
cruzar, *to cross*; —se, *to meet*
cualquier, *any*
cuanto, *all that, what*

el cuartel, *barracks*; — general, *headquarters*

el cuarto, *room, old coin*; — de estar, *living-room*

el cucurucho, *paper cone, cornet*

la cuenta, *account, bill*; darse —, *to realise*; tener en —, *to bear in mind*

el cuero, *leather*

la cuesta, *hill, slope*

el cuidado, *care, trouble*

cuidar(se) (de), *to take care (of), to trouble (to)*

la culpa, *fault, blame*

cumplir, *to fulfil*

la cuna, *cradle*

el curso, *course, school year, 'form'*

el chalet, *detached house*

la charla, *talk, chat*

charlar, *to chat*

la chica, *girl*; el chico, *boy, lad*

chillar, *to shriek, scream, call*

la chimenea, *chimney, grate*

la chiquillada, *prank, mischief*

el chiquitín, *little boy*

la chuleta, *chop*

el churrero, *maker of* churros

el churro, *fritter*

dar, *to give, strike (the hour)*; — a, *to overlook*; —se cuenta, *to notice, realise, understand*; — una vuelta, *to take a stroll*; — un paseo, *to take a walk*; — con, *to encounter, fall in with, hit upon*; — la vuelta a, *to go round*

de, *of, from*; — veras, *really, truly*; — nada, *not at all, don't mention it*; — modo (manera) que, *so that*; —pasada, *in passing*; — nuevo, *again*; — acuerdo con, *according to*; — acuerdo, *agreed*; — sobra, *more than enough, superfluous*;

— bote en bote, *jammed, packed*; — tarde en tarde, *occasionally*; — antemano, *beforehand*; — prisa, *quickly*; — balde, *free, gratis*; del todo, *completely*

debajo (de), *under, underneath*

deber, *must, ought, should*

el deber, *duty*; los deberes, *homework*

debido, *owing, due*; — a, *owing to, due to*

decidir, *to decide*; —se, *to make up one's mind*

el décimo, *tenth, tenth part*

el decorado, *scenery, set (of a play)*

decrecer, *to diminish, decrease*

dedicar, *to devote*

definido, *defined, definite*

definitivo, *definitive, final*

dejar, *to leave, let, allow*; — de, *to cease from, fail to*

demás, *remaining, other*

demasiado, *too, too much*

demasiados, *too many*

demostrar(ue), *to show*

dentro (de), *inside, within*

el departamento, *compartment*

los deportes, *sports*

derecho, *right, straight*

derramar, *to shed, spill*

desamueblado, *unfurnished*

desaparecer, *to disappear*

el desarrollo, *development*

desayunar, *to have breakfast*

descansar, *to rest*

el descanso, *rest*

desconocido, *unknown*

descubierto, *uncovered, open*

descuidar, *not to worry*

el descuido, *neglect, carelessness*

desde, *from, since*; — luego, *of course*

desear, *to desire, wish, look forward*

el deseo, *desire, wish*

desfilar, *to parade*
deshabitado, *uninhabited*
desierto, *deserted, desert*
el despacho, *office, study*
la despedida, *leave-taking, farewell*
despedirse(i), *to take one's leave,
say goodbye*
despertar(ie), *to awaken*
despoblado, *uninhabited*
después, *later, afterwards, then;*
— de (que), *after*
la desventaja, *disadvantage*
desviarse, *to turn off (a road)*
el detalle, *detail*
detener(se), *to stop, halt*
determinado, *definite*
detrás (de), *behind, after*
el diablillo, *imp*
el diario, *newspaper, diary;* —
hablado, *news bulletin, 'sound'
news*
el diestro, *matador*
diferenciarse, *to be different*
difunto, *dead*
la difusión, *spread*
digno, *worthy*
el dinero, *money;* — en metálico,
cash
la dirección, *address*
dirigir, *to direct, guide;* —se, *to
go, make one's way, address*
el disco, *gramophone record*
discutible, *debatable*
discutir, *to discuss, argue*
disfrazar, *to disguise*
disfrutar, *to enjoy*
disimuladamente, *furtively*
dispensar, *to excuse*
disponerse (a), *to prepare (to)*
dispuesto, *ready, prepared*
distinto, *distinct, different*
distraído, *amused, absentminded,
preoccupied*
diverso, *different, various*
divertido, *amused, amusing*
divertir(ie), *to amuse*

divisar, *to see, make out*
doblar, *to turn (a corner)*
doce, *twelve;* la docena, *dozen*
dolorido, *painful*
el domingo, *Sunday*
el dormitorio, *bedroom*
la duda, *doubt;* no cabe —, *there
is no doubt*
dudar, *to doubt*
el dulce, *sweet*
durante, *during, for*
durar, *to last*

e, *and (before* i-, hi-)
echar, *to throw, cast;* — cuentas,
to reckon up; — de menos, *to
miss;* — un trago, *to take a
drink*
la edad, *age*
el edificio, *building*
efectivamente, *indeed*
el ejemplo, *example*
elemental, *elementary*
elevado, *elevated, high*
emanar, *to emanate*
embaldosado, *tiled, paved*
embarcarse, *to embark*
la emisión, *broadcast*
la emisora, *radio transmitter, broadcasting station*
emitir, *to broadcast*
emocionado, *moved, excited*
empapelar, *to paper*
empezar(ie), *to begin*
el empleado, *employee, clerk*
emplear, *to employ, use*
el empleo, *employment, job, use*
la empresa, *enterprise, undertaking*
en, *in, on;* — seguida, *immedi-
ately;* — absoluto, *absolutely,
completely;* no — absoluto,
not at all; — efecto, *indeed;*
— esto, *at this (that)* moment;
— cuanto, *as soon as;*
cuanto a, *as regards;* — cambio, *on the other hand;* — pro,

for, *in favour*; — contra, *against*; — resumen, *in short*

encaminarse, *to go, make one's way*

encantado, *charmed, delighted*

encantador, *charming*

encantar, *to charm, delight*

el encanto, *charm*

encargarse (de), *to undertake*

encender(ie), *to light*

encima (de), *over, above, on*

encontrar(ue), *to find, meet*; —se, *to be, find oneself*

el encuentro, *encounter, meeting*

enero, *January*

la enfermedad, *illness, sickness*

el enfermo, *sick man, invalid*

enfrentarse (con), *to face*

enfrente, *in front, facing*

engañar, *to deceive*

la enhorabuena, *congratulations*

enredar, *to meddle, tangle up*

enriquecer, *to enrich*

la ensalada, *salad*

el ensayo, *essay, rehearsal*

enseñar, *to teach, show*

entender(ie), *to hear, understand*

enterarse, *to get to know, find out*

entero, *entire, whole*

entonces, *then*

la entrada, *entry, entrance, arrival, ticket*

entre, *between, among*

entregar, *to give, hand over*

los entremeses, *hors d'oeuvres*

entrenarse, *to train*

entretanto, *meanwhile*

entretener, *to entertain, amuse, divert, distract*

entusiasmar, *to fill with enthusiasm, enrapture*

la época, *epoch, period, season, age*

el equipaje, *luggage*

el equipo, *team*

escalar, *to scale, climb*

el escandalizador, *trouble-maker*

el escaparate, *shop window*

la escasez, *scarcity, shortage*

la escena, *scene*

escoger, *to choose*

escuchar, *to listen (to)*

el escudo, *shield, coat-of-arms, escutcheon*

la escuela, *primary school*

eso, *that*; — es, *that's it*

el espacio, *space*

la espada, *sword*

españolizarse, *to become Spanish, adopt Spanish customs*

esparcir, *to scatter, shed*

la especie, *species, kind*

especificar, *to specify*

el espectáculo, *spectacle, show*

la esperanza, *hope*

esperar, *to wait, hope, expect*

el espíritu, *spirit*

el esplendor, *splendour*

espontáneamente, *spontaneously*

la esposa, *wife*

la esquina, *corner (of a street or building)*

la estación, *station, season, broadcasting station*

el estado, *state*

la estampa, *print, engraving, picture*

la estancia, *stay*

la estatua, *statue*

el estilo, *style*; algo por el — *something of the kind*

estimar, *to esteem, think*

el estío, *summer*

la estrella, *star*

estrenar, *to produce (perform, use, show, wear) for the first time*

estribar, *to rest, be based*

el estudio, *studio, study*

la estufa, *stove*; — eléctrica, *electric heater*

estupendamente, *fine*

estupendo, *fine, wonderful*

evitar, *to avoid*
el examen, *examination*
excesivo, *excessive, extreme*
la excursión, *excursion, day trip*
el éxito, *success*; tener —, *to be successful*
explicar, *to explain*; —se, *to realise, understand*
exponer, *to expose*
la exposición, *exhibition*
el expreso, *express (train)*
extendido, *widespread*
el extranjero, *foreigner*
extrañar, *to puzzle, amaze*
extraño, *strange*
el extremo, *extreme, end, fringe*

fácil, *easy*
la facilidad, *facility, ease*
la factura, *bill*
la Facultad, *Faculty (of a University)*
la faena, *work, task*
la falta, *lack, mistake*
faltar, *to be lacking, absent*
la fama, *fame, reputation*
familiar, *familiar, of the family*
fastidiar, *to annoy*
favorecer, *to favour*
la fecha, *date*
la felicidad, *happiness*
la felicitación, *congratulation*
felicitar, *to congratulate*
feliz, *happy, gay*
la feria, *fair*
el ferrocarril, *railway*
fiarse, *to trust*
la fiera, *wild beast*
la fiesta, *festival, feast day, party*
figurarse, *to imagine*
fijarse, *to notice, look at, concentrate*
el filete, *fillet*
el fin, *end, object*; por —, *finally*; al —, *in the end*; en —, *in short*; a — de, *in order to, with the object of*
el final, *end, terminus*
la finca, *estate, property*
la flor, *flower*
la florería, *florist's*
flotante, *floating*
el fondo, *background, bottom, depths*; al —, *in the background*
la forma, *form, manner, way*; de — que, *so that*; de todas formas, *in any case*
el fortalecimiento, *strengthening tonic*
la frase, *phrase, sentence*
la frecuencia, *frequency*; con —, *often*
fresco, *fresh, cool*; al —, *in the open air*
friolero, *chilly, 'nesh'*
frito, *fried*
el frutero, *fruiterer*
el fuego, *fire*
la fuente, *fountain, source*
la fuentecita, *small fountain*
fuera (de), *out, outside, away*
fuerte, *strong, loud*
el fuerte, *fort*
la fuerza, *force, strength, power*; a — de, *by dint of*
Fulano, *So-and-so*
fumar, *to smoke*
la función, *performance, show*
funcionar, *to function, work*

el galimatías, *rigmarole, gibberish*
la galleta, *biscuit*
la gana, *will, desire*; tener ganas de, *to wish, be willing to*
el ganado, *flock, herd*
ganar, *to gain, win, earn*
el garbo, *elegance, fine bearing*
la garganta, *throat*
la gaseosa, *'squash'*
gastar, *to spend (money)*

el gasto, *expense, expenditure*
el gato, *cat*
el genio, *temper*
la gente, *people*
el globito, *balloon*
el globo, *light, bulb*
el golpe, *blow, stroke*
  gordo, *fat, first (prize)*
la gorra, *cap*
la gota, *gout*
gozar, *to enjoy*
la gracia, *grace, wit*; tiene mucha
  —, *it is very funny*
las gracias, *thanks*
el grito, *cry, shout*
el grupo, *group*
guardar, *to guard, keep, retain*
el guasón, *joker, wag*
guiar, *to guide*
guisar, *to cook*
el guiso, *stew, dish*
gustar, *to please*
el gusto, *taste, pleasure*

la habilidad, *skill*
la habitación, *room*
habitar, *to inhabit, dwell, live*
hacer, *to make, do*; — el favor,
  to do the favour, oblige; —
  falta, *to be necessary, need*;
  —se, *to become*
hacia, *towards, to*
¡Hala! *Come, come! Come along!*
el hambre (*fem.*), *hunger*
hartarse, *to be bored, fed up*
hasta, *until, even, as far as*; —
  que, *until*
hay, *there is (are)*; — que, *one
  must*; ¿Qué —? *How are you?*
el hecho, *fact, deed*
helar(ie), *to freeze*
el hermano, *brother*
la hierba, *grass*
la historia, *history, story*
el hogar, *hearth, home*
¡Hola! *Hello!*

el hombrecito, *little man*
el hombro, *shoulder*
el homenaje, *homage, tribute*
la hora, *hour, time*; — de comer,
  lunch time; a primera —,
  early, first thing
el horario, *timetable*
el hotelito, *villa*
hoy, *today*; — mismo, *this very
  day*; — día, *nowadays*
la huella, *trace, print*
huir, *to flee*
húmedo, *damp*
humilde, *humble*
el humo, *smoke, fumes*

el idioma, *language*
igual, *equal, same*
la ilusión, *illusion, dream*
la imagen, *image, picture*
implantar, *to implant, introduce*
implicar, *to imply*
imponer, *to impose, fix*
importar, *to be important, matter*; No te importaría, *you
  would not mind*
el importe, *cost*
imprevisto, *unforeseen, unex-
  pected*
el impuesto, *tax*
incitar, *to incite, encourage*
incluir, *to include*
incluso, *including, too, also*
el inconveniente, *objection*
indicado, *set, obvious*
el indio, *Indian*
la índole, *kind, nature*
el infiernillo de gas, *gas ring*
el informe, *information*
el ingreso, *income*
iniciar, *to begin*
inquietarse, *to get anxious*
el instituto, *grammar school*
la intemperie, *bad weather, the
  elements*
intentar, *to try, attempt*

el intercambio, *interchange*
el interlocutor, *speaker, person
speaking to someone*
el intruso, *intruder, stranger*
inútilmente, *uselessly*
el invierno, *winter*; en pleno —,
in midwinter
el invitado, *guest*
Isabel, *Elizabeth*
izquierdo, *left*

el jamón, *ham*
el jardín, *garden*
el jerez, *sherry*
joven, *young*
el joven, *young man*; los jóvenes,
young people
el juego, *game, gambling*; — de
luces, *lighting*
la juerga, *spree, fun*
jugar(ue), *to play, gamble*
el juguete, *toy*
junto a, *by, next to*; junto con,
together with; juntos, *together*
la juventud, *youth*
juzgar, *to judge*

la labor, *labour, work*
el lado, *side*
el lago, *lake*
la lámpara, *lamp*
la lana, *wool*
lanzar, *to throw, cast*; —se, *to
hurry*
largo, *long*; a lo — del día,
throughout the day; a la larga,
in the long run
la lástima, *pity*
la lata, *tin*; es una —, *he (it) is a
nuisance*
lavar, *to wash*
la leche, *milk*
leer, *to read*
las legumbres, *vegetables*
lejos, *far, distant*
la lengua, *tongue, language*; media
—, *prattle, halting speech*

la letra, *letter (of the alphabet)*; las
Letras, *Arts, Letters*
levantar, *to lift, strike (a tent)*;
—se, *to rise, get up*
la ley, *law*
liar, *to tie, bind, fasten, wrap*
libre, *free*; al aire —, *in the open
air*
el licor, *liqueur*
ligero, *light*
limpio, *clean*
la línea, *line, service, route*
el lirio, *lily*
listo, *clever, ready*
la localidad, *seat (at a show)*
la locomotora, *engine*
lograr, *to succeed, manage, achieve*
la lotería, *lottery*
el lotero, *seller of lottery tickets*
luego, *then, soon*
el lugar, *village, place*; tener —,
to take place
lujoso, *luxurious*
el lunes, *Monday*
la luz, *light*

la llamada, *call, knock*
llamar, *to call, knock, ring*
la llave, *key*
la llegada, *arrival*
llegar, *to arrive*; — a, *to come to,
get to*
llenar, *to fill*
lleno, *full*
llevar, *to carry, bear, take*; —se,
to take away
llorar, *to weep, cry*
llover(ue), *to rain*
la lluvia, *rain*

el madrileño, *Madrilenian, inhabi-
tant of Madrid*
el madroño, *arbutus, strawberry
tree*
la madrugada, *dawn, early morning*
la maestría, *mastery, skill*

mago, *wise*
la maleta, *suitcase*
el maletín, *small bag, satchel*
malgastar, *to waste*
manchar, *to stain*
mandar, *to order, send*
la manera, *manner, way*
manifestar(ie), *to show, declare*
la mano, *hand*
mantener, *to maintain, keep*
la manzana, *apple, block of buildings*
la mañana, *morning, tomorrow*
la máquina, *machine*
el (la) mar, *sea*
marcado, *marked*
marcar, *to mark, indicate, dial*
marcharse, *to go away*
marearse, *to be (become) seasick*
el marido, *husband*
el mártir, *martyr*
más, *more, most*; — bien, *rather*
matar, *to kill*
maullar, *to meow*
mayor, *bigger, biggest, older, oldest, adult, grown up*
mayorcita, *quite grown up*
la mayoría, *majority*
la medianoche, *midnight*
mediante, *by means of*
el médico, *doctor*
medio, *half*; en —, *in between*; la clase media, *middle class*
el medio, *middle, means*
el mediodía, *midday*
mejor, *better, best*; — dicho, *rather*; a lo —, *probably*
menos, *less, least*; al —, *at least*; no poder — de, *not to be able to help*
mensualmente, *monthly*
el mercado, *market*
merecer, *to merit, deserve*
merendar(ie), *to have lunch*
la merienda, *lunch*
la merluza, *hake*

el mes, *month*
la mesa, *table*; la mesita, *small table*; — de noche, *bedside table*
meter, *to put*; —se, *to interfere*
el método, *method*
la mezquita, *mosque*
el miedo, *fear*
el miembro, *member*
mientras (que), *while*; — tanto, *meanwhile*
el miércoles, *Wednesday*
el mimbre, *wicker*
mínimo, *minimum, least, very small*
minucioso, *minute, detailed*
la mirada, *look, glance*
mirar, *to look (at)*
la misa, *mass*
mismo, *same, self, very*; aquí —, *right here*; ahora —, *right now*
la moda, *fashion*; de —, *in fashion*
el modo, *mode, manner, way*
molestar, *to trouble, worry*
la moneda, *coin*
mono, *pretty*
montado, *mounted, riding*
el montaje, *production*
montañoso, *mountainous*
el montón, *pile, heap*
el moro, *Moor*
mostrar(ue), *to show*
el motivo, *motive, purpose, intention*; con — de, *in order to, on the occasion of*
mover(ue), *to move*
el mozo, *porter*
el mueble, *piece of furniture*
la mujer, *woman, wife*
el mundo, *world*; todo el —, *everybody*
el museo, *museum*
el musulmán, *Moor*

nacer, *to be born*

nada, *nothing, not at all*; — de
eso, *not at all, nothing of the
kind*; — de particular, *nothing
special*; no tiene — que ver
con, *has nothing to do with*
la naranja, *orange*
la naranjada, *orangeade*
navegar, *to sail*
la Navidad, las Navidades, *Christmas*
navideño, *relating to Christmas*
necesitar, *to need*
negar(ie), *to deny*
negro, *black*
el nene, *baby*
nevado, *snow-covered*
la nevera, *icebox, refrigerator*
ni, *nor*; — siquiera, *not even*
la niebla, *fog*
no, *no, not*; — obstante, *nevertheless*
nocivo, *harmful*
la noche, *night*; de la — a la
mañana, *overnight*; — de
Reyes, *Twelfth Night*
la Nochebuena, *Christmas Eve*
la Nochevieja, *New Year's Eve*
el nombre, *name, Christian name,
noun*
el norte, *north*
notar, *to note, notice*; se nota,
it is obvious
la noticia, *item of news*
nuevo, *new*
el número, *number*

o, *or*; o bien, *or else*
la obra, *work*; las obras, *repairs*
la ocasión, *occasion, opportunity*
la oficina, *business office*
ofrecer, *to offer*
oir, *to hear*; ¡Oye! ¡Oiga! *I say!*
el ojo, *eye*
olvidar, *to forget*
la olla, *stew, pot, kettle*
la onomástica, *saint's day*

opinar, *to opine, think*
oponer, *to oppose*
las oposiciones, *competitive examination*
opuesto, *opposite*
la oreja, *ear*
el organillo, *barrel-organ*
orgulloso, *proud*
el oriente, *east*
la orilla, *bank, shore*
el oso, *bear*
otorgar, *to grant, award*
el oyente, *listener*

padecer, *to suffer*
el padre, *father*; los padres, *fathers,
parents*
pagar, *to pay, pay for*
el país, *country*
el paisaje, *countryside, scenery*
el paje, *page*
la palabra, *word*
la palmada, *clap*
la pandereta, *tambourine*
la pantalla, *screen*
el pantano, *dam, reservoir*
el papel, *paper, part (in a play)*
el par, *pair, couple*
el paraje, *place, spot*
parar(se), *to stop*
la parcela, *plot of ground*
parecer, *to appear, seem*; —se a,
to resemble; ¿Qué te parece?
What do you think (of it)?
parecido, *similar*
la pared, *wall*
el pariente, *relative*
la parrilla, *grill, grid*
la parte, *part*; por otra —, *on the
other hand*; en gran —, *in
large measure*; de su —, *on
your behalf*; por una —, *on
the one hand*
la participación, *share, ticket*
particular, *private, special*
el particular, *matter, subject*

el partidario, *supporter, partisan*
el partido, *game, match*
   partir, *to depart, leave*; a — de
     ahora, *from now on*
   pasar, *to pass, spend, happen, go
     through, run through*; — de
     largo, *to pass by, go past*; —lo
     bien, *to have a good time*;
     ¡Pasad! *Come in!*
la pascua, *religious festival*
   pasear, *to walk*
el paseíllo, *parade, procession*
el paseo, *avenue, walk, drive*
el pasillo, *corridor, passage*
el paso, *step, way*
la pasta, *sweet biscuit*; las pastas,
   board binding
el pastor, *shepherd*
   patalear, *to kick*
la patata, *potato*; patatas fritas,
   potato crisps
el patio, *courtyard*
la patria, *native country*
el pavo, *turkey*
la paz, *peace*
el peatón, *pedestrian*
la película, *film*
el peligro, *danger, risk*
   peligroso, *dangerous*
el pelo, *hair*
la pelota, *ball, pelota (a game)*
la pena, *pain, trouble, pity*
el pensamiento, *pansy, thought*
   pensar(ie), *to think, intend*
   pequeño, *small*
el pequeño, *child, little one*
el perchero, *hallstand*
   perder(ie), *to lose, miss, waste
     (time)*; echar a —, *to ruin*
el perdón, *pardon*
   perdonar, *to pardon, forgive,
     excuse*
   permanecer, *to remain, stay*
el permiso, *permission, leave*
   pertenecer, *to belong*
   pesado, *boring*

   pesar, *to weigh*
el pescado, *fish*
el pescuezo, *nape of the neck*
el pesebre, *manger*
el picador, *mounted bullfighter*
el pie, *foot*
la piel, *skin, leather*
la pierna, *leg*
la pieza, *piece (of music)*
la pila, *font*
el pinar, *pinewood*
   pintar, *to paint*
el pintor, *painter*
la pintura, *painting*
   pisar, *to tread, step*
el piso, *floor, flat*; casa de pisos,
   apartment house
la pistola, *pistol*
el pitido, *whistling*
el placer, *pleasure*
la plaga, *plague*
la planta, *plant, floor, storey*; —
   baja, *ground floor*
   plantar, *to plant, pitch (tent)*
el plato, *plate, dish*
la playa, *seaside, beach*
la plaza, *square*; — de toros, *bull-
   ring*
el plazo, *time limit*
   pleno, *full*
la pluma, *feather, plume, quill, pen*
la población, *population*
el pobrecillo, el pobrecito, *poor
   little fellow*
   poco, *little*; — a —, *little by
   little*
   poderoso, *powerful*
el poema, *poem*
el policía, *policeman*
el polvo, *powder*
   poner, *to put, set up, put on*; —
     la radio, *to switch on the wire-
     less*; — en marcha, *to start (a
     car)*; —se a, *to begin to*; —se,
     to become; —se de acuerdo,
     to reach an agreement

por, *for, by, through, on account of, on behalf of;* — *favor, please;* — supuesto, *of course;* — tanto, *therefore;* — eso, *on that account, therefore;* — algo, *for some reason;* — lo visto, *apparently;* — fuerza, *perforce, of necessity;* — así decirlo, *so to speak;* — completo, *completely;* — si acaso, *just in case;* — aquí, *this way, hereabouts;* — lejos que, *however far*
el porrón, *wine bottle*
el portal, *doorway, main door*
portar, *to carry;* —se, *to behave*
portátil, *portable*
la portería, *porter's lodge*
la posada, *inn*
los postres, *dessert*
potable, *drinkable, drinking (water)*
practicar, *to practise*
el prado, *meadow*
el precio, *price*
precisamente, *precisely, exactly*
preciso, *necessary*
preferir(ie), *to prefer*
la pregunta, *question*
preguntar, *to ask (a question);* —se, *to wonder*
premiado, *rewarded with a prize, prize-winning*
el premio, *prize, reward*
preocuparse, *to worry*
prescindir (de), *to do without*
presenciar, *to witness, be present*
la presentación, *introduction*
presentar, *to present, introduce*
prestar, *to lend*
la primavera, *spring*
primero, *first, at first*
el principio, *beginning;* al —, *at the beginning, at first*
la prisa, *speed, hurry;* darse —, *to hurry*

el procedimiento, *procedure*
procurar, *to try*
profano, *profane, secular, not sacred*
el profesor, *teacher*
la profundidad, *depth*
profundo, *deep, profound*
prometer, *to promise*
pronto, *soon, early, quickly*
pronunciado, *pronounced, marked, steep (slope)*
la propina, *tip*
propio, *own, proper, typical, fitting*
proponer, *to propose*
proporcionar, *to provide, give*
el provecho, *profit*
próximo, *next, following*
la proyección, *projection*
el proyector, *projector*
el público, *public, audience*
el pueblecito, *village*
el pueblo, *village, country town, people*
el puente, *bridge*
la puerta, *door, gate*
pues, *well, then, for, as, since, because*
puesto, *'on' (of wireless)*
puesto que, *for, as, since*
el punto, *point, dot;* — de vista, *point of view;* llegar a —, *to arrive just right*
el pupitre, *desk*
la pureza, *purity*

quedar(se), *to remain, be, be left*
quejarse, *to complain*
querer(ie), *to wish, want, love;* — decir, *to mean*
querido, *dear*
el químico, *chemist*
quince, *fifteen;* — días, *a fortnight*
las quinielas, *football pools*
quinto, *fifth*

el quiosco, *kiosk*
quitar, *to take away, remove;*
—se, *to take off (clothing);* —
de en medio, *to take out of the
way*
quizás, *perhaps*

radiar, *to broadcast*
la radiodifusión, *broadcasting*
la raíz, *root*
el ramo, *branch, spray (of flowers)*
el rascacielos, *skyscraper*
el rato, *while, short space of time;*
al poco —, *in a short while*
la razón, *reason;* tener —, *to be
right*
real, *real, royal*
realizar, *to realise, effect, carry
out*
reanudar, *to renew, resume*
la rebeca, *cardigan*
la recaudación, *sum collected*
recaudar, *to gather, collect*
el recibidor, *reception room*
recibir, *to receive, meet*
recién, *recently, newly*
reciente, *recent, new*
reconocer, *to recognise*
recordar(ue), *to remember, recall*
recorrer, *to traverse, travel
through, tour, cover (ground)*
el recreo, *recreation, amusement*
el recuerdo, *memory, souvenir;* recuerdos, *regards*
la redacción, *free composition*
referir(ie), *to refer, tell (a story);*
—se a, *to refer to*
regalar, *to give (as a present)*
el regalo, *gift, present*
regar(ie), *to water*
regir(i), *to rule, control*
regresar, *to return*
el regreso, *return;* de — de, *back
from*
la reina, *queen*
el rejón, *lance*

el rejoneador, *mounted bullfighter*
el reloj, *watch, clock*
remojar, *to wet, moisten*
la renta, *income*
reñir(i), *to scold, quarrel*
repartir, *to share, deliver*
repasar, *to revise*
repetir(i), *to repeat*
la repisa, *shelf, mantelpiece, window
sill*
la repisita, *bookshelf*
reponer, *to put on again*
reprender, *to reprehend, upbraid*
la representación, *performance*
resaltar, *to stand out*
resentirse(ie), *to suffer from*
el residuo, *remains*
resolver(ue), *to resolve, solve,
decide*
resonar(ue), *to resound, re-echo*
respirar, *to breathe*
responder, *to reply;* — a, *to
correspond to*
restablecerse, *to recover*
resultar, *to result, be, turn out*
resumir, *to sum up*
retener, *to retain*
retirarse, *to retire, withdraw, go
to bed*
la retransmisión, *relay, recorded
broadcast*
el retrato, *portrait*
la reunión, *meeting, gathering, party*
reunir, *to collect;* —se con, *to
join, meet*
el revés, *reverse, back;* al —, *the
other way, opposite*
revolver(ue), *to revolve, shake,
stir, romp around*
el rey, *king;* los reyes, *kings, king
and queen, monarchs*
el riachuelo, *stream*
la ribera, *river bank*
la rienda, *rein*
el rincón, *corner, nook*
el río, *river*

la risa, *laughter*; ser de —, *to be funny*
risueño, *smiling, cheerful*
el ritmo, *rhythm*
la roca, *rock*
rodar(ue), *to take (a film)*
rodeado, *surrounded*
rodear, *to surround, go round*
rojo, *red*
la ropa, *clothes*
rubio, *fair-haired*
el ruedo, *arena*
el ruido, *noise*

el sábado, *Saturday*
saber, *to know, know how*
el sabor, *savour, taste*
sabroso, *tasty*
sacar, *to take out, draw, succeed, buy (a ticket)*
la sal, *salt*
la sala, *room*; — de estar, *living room*
salado, *salty*
la salida, *exit, departure*
salir, *to go (come) out*; — bien, *to succeed*
salpicar, *to sprinkle, splash*
la salud, *health*
saludar, *to greet*
el saludo, *greeting*
salvaje, *savage, wild*
la sangre, *blood*
sano, *healthy*
un santiamén, *a 'jiffy'*
santo, *saintly, blessed, holy*
el santo, *saint*
la sardina, *sardine*
secar(se), *to dry*
seco, *dry*
seguido, *successive*; todo —, *in succession, in a row*
seguir(i), *to follow, continue*
según, *according to*
seguramente, *surely, probably*
seguro, *sure, certain, certainly*

el semáforo, *traffic lights*
la semana, *week*
semanalmente, *weekly*
semejante, *similar, like*
sencillo, *simple*
sentar(ie), *to seat, suit*; —se, *to sit down*
el sentido, *sense*
sentir(ie), *to feel, feel sorry, regret, sense, notice*
la señal, *signal, sign*; — de llamada, *ringing tone*
señalar, *to signal, indicate, point to*
las señas, *address*
señor, *Mr., sir, gentleman*; señora, *Mrs., madam, lady*; señorita, *Miss, young lady*; los señores, *Mr. and Mrs., gentlemen*
la sequía, *drought*
el séquito, *train, retinue*
serio, *serious*
serrano, *mountain, of the sierra*
el serrín, *sawdust*
servir(i), *to serve, be of use*
sevillano, *of Seville*
siempre, *always, ever*
la sierra, *mountain range*
el siglo, *century*
el significado, *meaning*
significar, *to mean*
siguiente, *following, next*
la silla, *chair*; la sillita, *small chair*
el sillón, *chair, armchair*
simpático, *nice, pleasant*
simple, *simple, mere*
sin (que), *without*; — embargo, *nevertheless, however*; — más ni más, *without any more ado, just like that*
la sinfonía, *symphony*
el síntoma, *symptom*
sintonizar, *to tune in to (wireless)*
el sitio, *place, space, room*
sobrar, *to be more than enough*

el sobre, *envelope*
la sobremesa, *after-dinner talk*
sobrepasar, *to exceed*
sobrio, *sober, severe*
el sofá-cama, *bed-settee*
el sol, *sun*
soleado, *sunny*
soler(ue), *to be wont, accustomed*
solo, *alone, single, only*; sólo, solamente, *only*
soltar(ue), *to untie, set free*; — indirectas, *to make innuendoes*
la sombra, *shade, shadow*
el sombrero, *hat*
sonar(ue), *to ring, sound*
sonoro, *sonorous, loud*
sorprender, *to surprise*
la sorpresa, *surprise*
el sorteo, *draw*
soso, *insipid*
sostener, *to sustain, maintain, keep up*
suavizar, *to soften*
subir, *to go up, climb, rise, get on or in to (a vehicle), put up (a window)*
la subvención, *subsidy*
suceder, *to happen*
el suceso, *event, incident*
el sueldo, *wage*
el suelo, *soil, ground, floor*
suelto, *loose, free*
el sueño, *sleep, dream, sleepiness*
la suerte, *luck, fate, lot*
la suficiencia, *self-satisfaction*
sufrir, *to suffer*
sugerir(ie), *to suggest*
sujetar, *to fasten, hold fast*
suponer, *to suppose*
el sur, *south*
surgir, *to arise*
suspirar, *to sigh*
el susurro, *whisper*

la taberna, *tavern, bar*
el tablón, *board*

tal, *such, such a*; — vez, *perhaps*; calle —, *So-and-so Street*; con — que, *provided that*; ¿qué —? *how do you do?*
el Támesis, *the Thames*
tampoco, *neither*
tan, *so, as*; — ... como, *as ... as*
tantear, *to feel, grope*
tanto, *so much, as much*; un —, *a little*; — por ciento, *so much per cent*
la tapa, *lid*
tapar, *to cover*
la tardanza, *delay*
tardar, *to be long or late, to take (time), delay*
tarde, *late*
la tarde, *afternoon, evening*
el taxista, *taxi-driver*
la taza, *cup*
el techo, *ceiling*
el tema, *theme, subject*
temer, *to fear*
la temporada, *season, period of time*
temprano, *early*
el tendido, *stand*
terminar, *to end*
el término, *end, term*; — medio, *compromise*
la ternera, *veal, calf*
la terraza, *terrace*
el terreno, *ground, terrain*
el tiempo, *time, weather*; a —, *in time*
la tienda, *shop*; — de campaña, *tent*
la tierra, *earth, land, country*; — firme, *terra firma*
el timbre, *(electric) bell*
tinto, *red (of wine)*
el tipo, *type, kind*
la tira, *strip, slip*
el tocadiscos, *record player*
tocar, *to touch, sound, play (music)*
todavía, *still, yet*

el toldo, *awning*
tomar, *to take, drink*; — en
serio, *to take seriously*; — por,
to turn into (a street); — el
pelo, *to pull the leg*
el toque, *touch*
torear, *to fight bulls*
el torero, *bullfighter*
el toro, *bull*; los toros, *bullfight*
la torre, *tower*
el trabajo, *work*
traer, *to bring*
tragar, *to swallow*
el trago, *drink, draught*
tranquilo, *peaceful, quiet, calm*
el transeúnte, *passer-by, pedestrian*
el tranvía, *tram*
trasladar, *to move, remove*; —se,
to travel
el trasnochador, *one who keeps late
nights*
tratar, *to treat, deal with*; se
trata de, *it is a question of*
la travesía, *crossing*
travieso, *naughty*
el trecho, *distance, stretch, while*
el tren, *train*
triunfar, *to triumph*
el turista, *tourist*
tutear, *to speak familiarly, use
tú and te.*

u, *or (before o-, ho-)*
últimamente, *recently*
ultimar, *to finalise*
último, *last*; a última hora, *at
the last minute*
único, *unique, only, single, sole*
unir, *to unite, join*
unos, unas, *some*; unos cuantos,
a few; unos diez, *about ten*
útil, *useful*
la uva, *grape*

las vacaciones, *holidays, vacation*
vacilar, *to hesitate*

vacío, *empty*
valer, *to be worth*; más vale, *it is
better*; vale la pena, *it is worth
while*
valiente, *brave*
el valor, *value, worth, courage*
la variante, *variant, variation*
variar, *to vary*
varios, *several, various, different*
vasco, *Basque*
el vaso, *glass*
el vecino, *neighbour*
la vela, *vigil*
la velada, *evening, evening party*
veloz, *swift*
la vena, *vein*
el vendedor, *seller, salesman, re-
tailer*
vender, *to sell*
la venida, *coming, arrival*
venir, *to come*; — (bien), *to suit*;
— mal, *to be (come) amiss*
la venta, *inn*
la ventaja, *advantage*
la ventanilla, *small window, guichet,
window of a train, etc.*
veranear, *to spend the summer
holiday*
el veraneo, *summer holiday*
el verano, *summer*
la verdad, *truth*; en —, *truly*; de
—, *real*; la hora de la —, *the
moment of truth*
verdaderamente, *truly*
verdadero, *true, real*
verde, *green*
verificarse, *to take place*
vertiginoso, *dizzy*
el vestíbulo, *entrance hall*
el vestido, *dress*
la vez, *time, occasion*; de — en
cuando, *from time to time*; a la
—, *at the same time*; alguna
—, *occasionally, sometimes*; de
una —, *once for all*; a su —,
in (his) turn; en — de, *instead*

of; de una sola —, *at one time*;
otra —, *again*; por una —,
just for once; cada — más,
more and more; cada —
menos, *less and less, fewer and
fewer*; a veces, *at times*;
algunas veces, *sometimes*;
varias veces, *several times*
la vía, *track (railway)*
el viaje, *journey, trip*; el viajecito,
trip, 'run'
el viajero, *traveller*
el vicio, *vice*
la vida, *life, living*
vidente, *seeing, with sight*
viejo, *old*
el viento, *wind*; molino de —,
windmill
el vienesr, *Friday*
vigilar, *to keep watch*
el villancico, *Christmas carol*
el vino, *wine*
la visita, *visit, visitor*; hacer una
—, *to pay a visit*

el visitante, *visitor*
la vista, *sight, view, glance*
vivo, *alive*
el vocablo, *word*
volar(ue), *to fly*
la voluntad, *will, wish*
volver(ue), *to return*; —se, *to
turn round*; — a, *to do again*
la voz, *voice*
el vuelo, *flight*; en un —, *swiftly*
la vuelta, *stroll, return, change,
corner (of a street)*; estar de
—, *to be back*; a la — de unos
años, *in the course of a few
years*

ya, *already, now, yes*; — que,
since, as

la zambomba, *zambomba (a crude
musical instrument)*
el zapato, *shoe*
la zona, *zone, area*